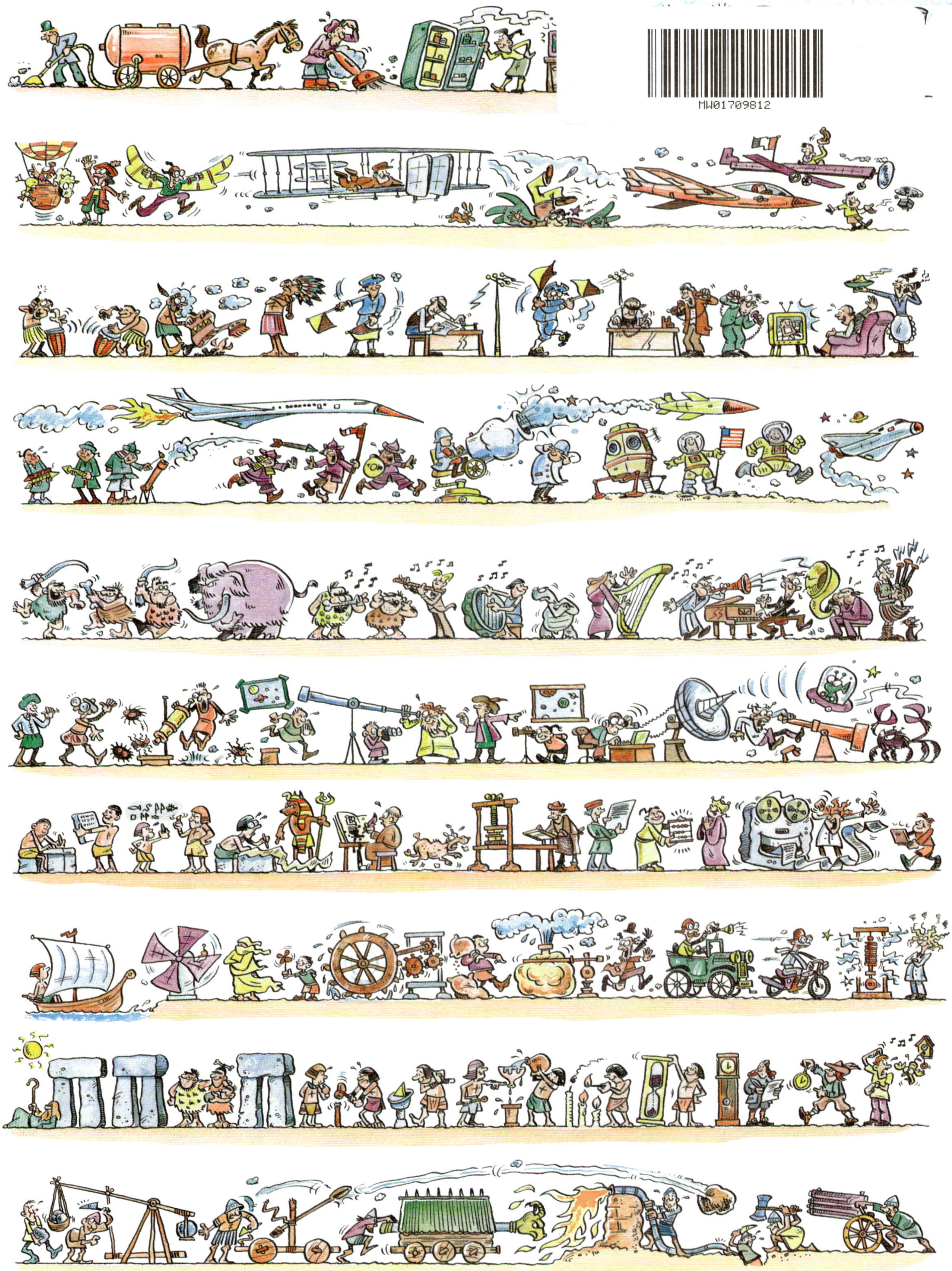

100
Clés pour tout Savoir
LES DÉCOUVERTES

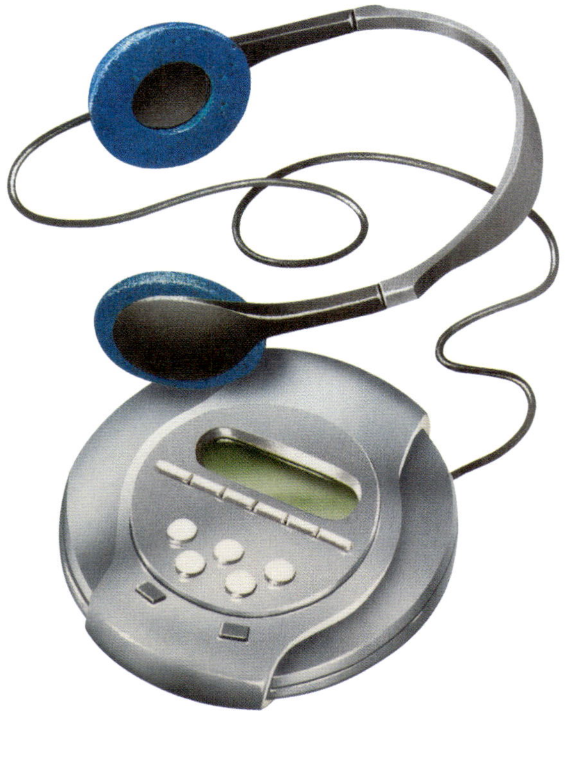

100
Clés pour tout Savoir
LES DÉCOUVERTES

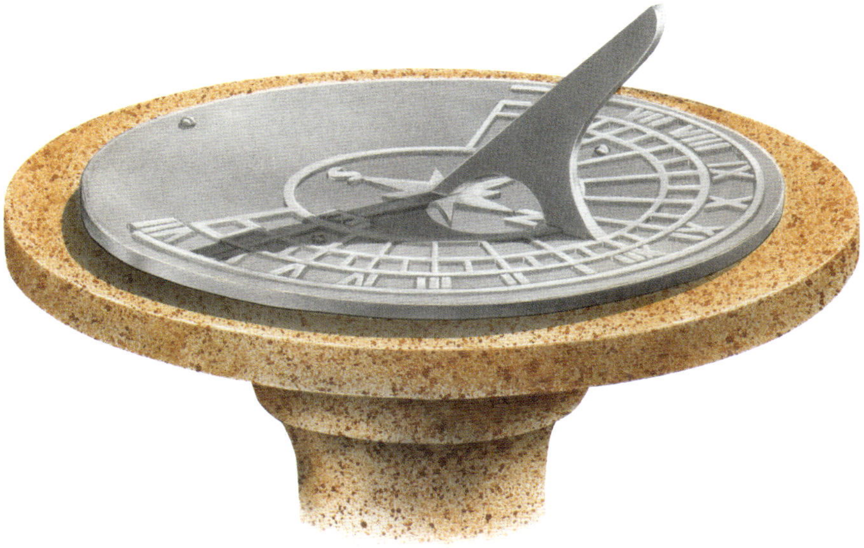

Duncan Brewer
Consultant : Barbara Taylor
Adaptation française : Jean-Pierre Dauliac

GRÜND

Adaptation française : Jean-Pierre Dauliac
Révision : Catherine Krausz
Secrétariat d'édition : Hélène Souchon

ISBN 2-7000-2745-0
Dépôt légal : Janvier 2005
PAO : Ewa Magnuska
Imprimé à Hong Kong

Loi n° 49-956 du 16 juillet 1949
sur les publications destinées à la jeunesse

REMERCIEMENTS
Les éditeurs souhaitent remercier les personnes suivantes
qui ont contribué à l'élaboration de cet ouvrage :

Steve Caldwell
Vanessa Card
Peter Dennis
Mike Foster/Maltings Partnership
Peter Harper
Janos Marffy
Martin Sanders
Rudi Vizi
Steve Weston
Mike White

Dessins de Mark Davis (Mackerel)

Sommaire

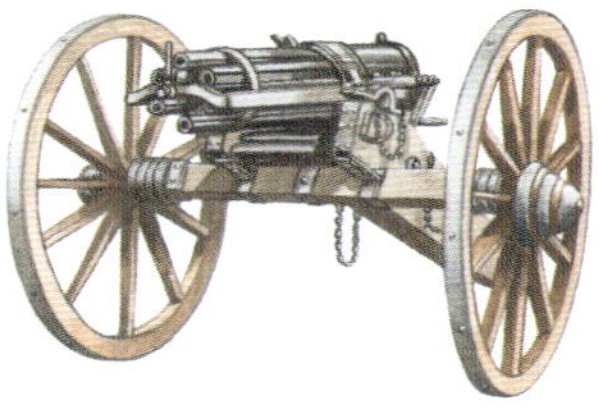

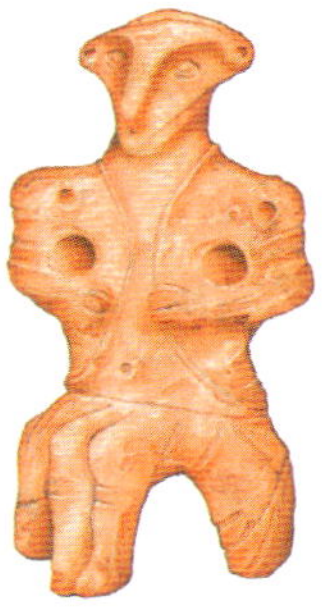

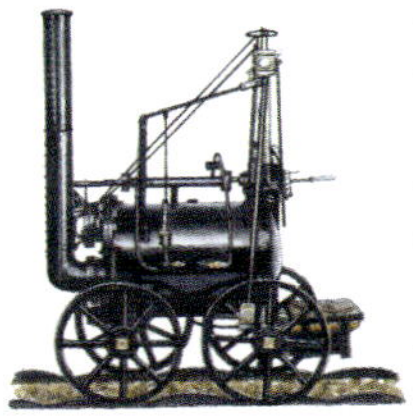

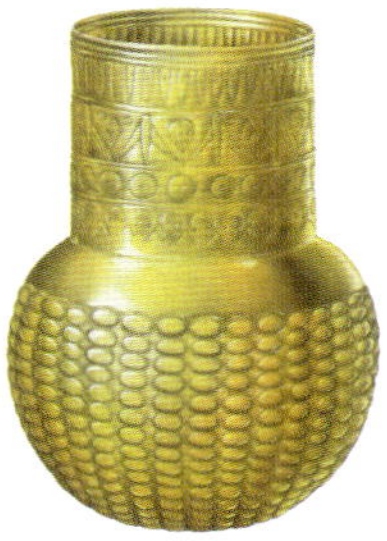

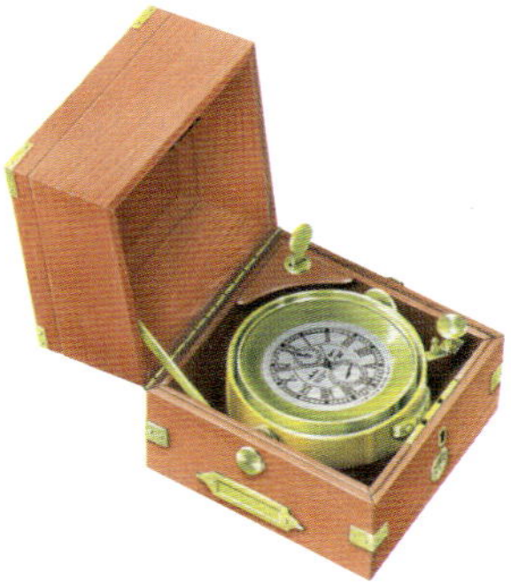

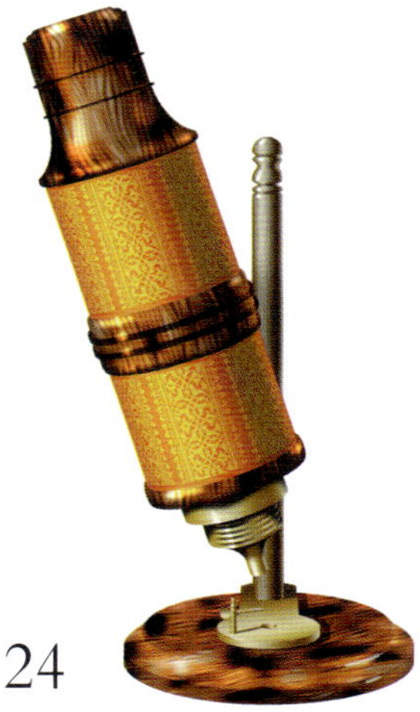

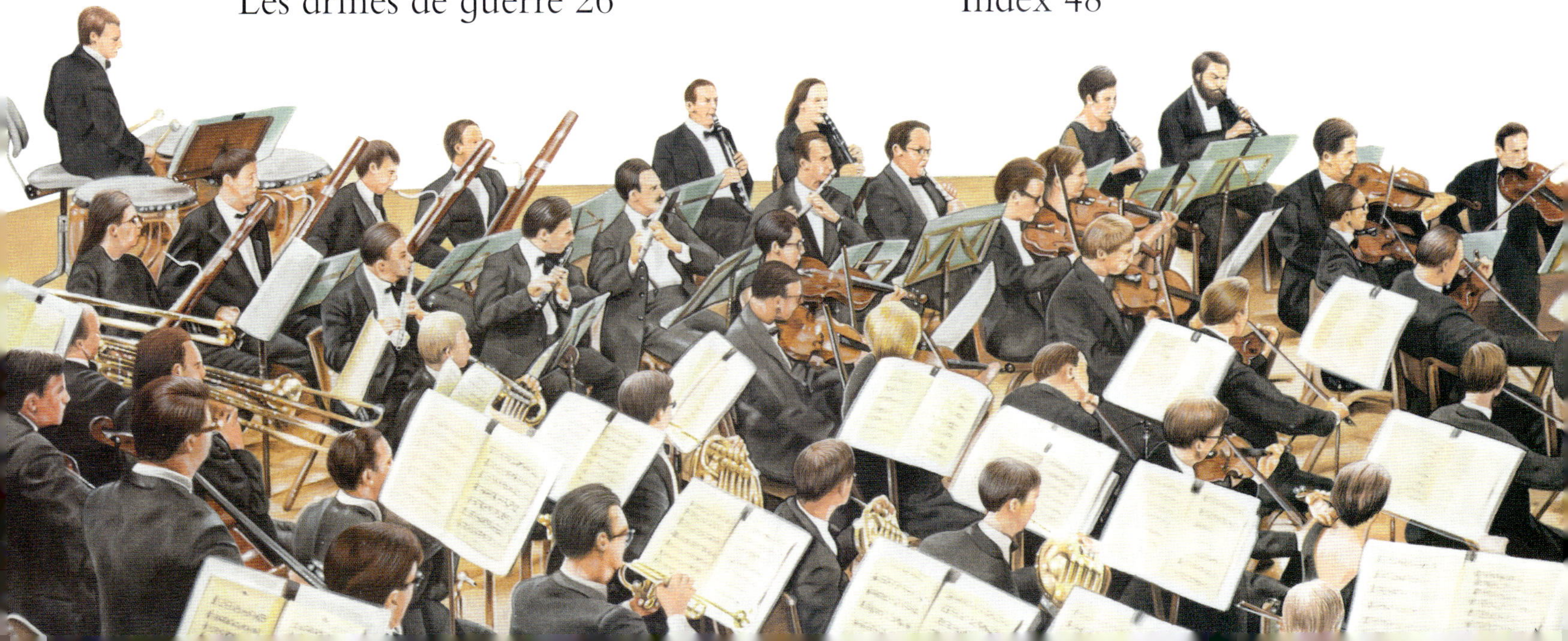

Les inventeurs de l'âge de pierre

1 L'être humain a toujours inventé. Il y a plus de 400 000 ans, nos lointains ancêtres inventèrent des outils de pierre en commençant par les haches. Puis, il y a environ 30 000 ans, ils découvrirent le moyen de coudre des peaux de bêtes pour fabriquer des vêtements. Il y a 20 000 ans, les os devinrent des instruments de musique. Avec le temps, les hommes apprirent à faire du feu, puis à cuire leurs aliments et à s'éclairer dans l'obscurité. Pour chasser et tuer les animaux dont ils se nourrissaient, ils inventèrent l'arc et les flèches à pointe de silex. Ils apprirent à s'abriter du froid et de la pluie en construisant des huttes de pierre, de bois ou en utilisant des défenses de mammouth.

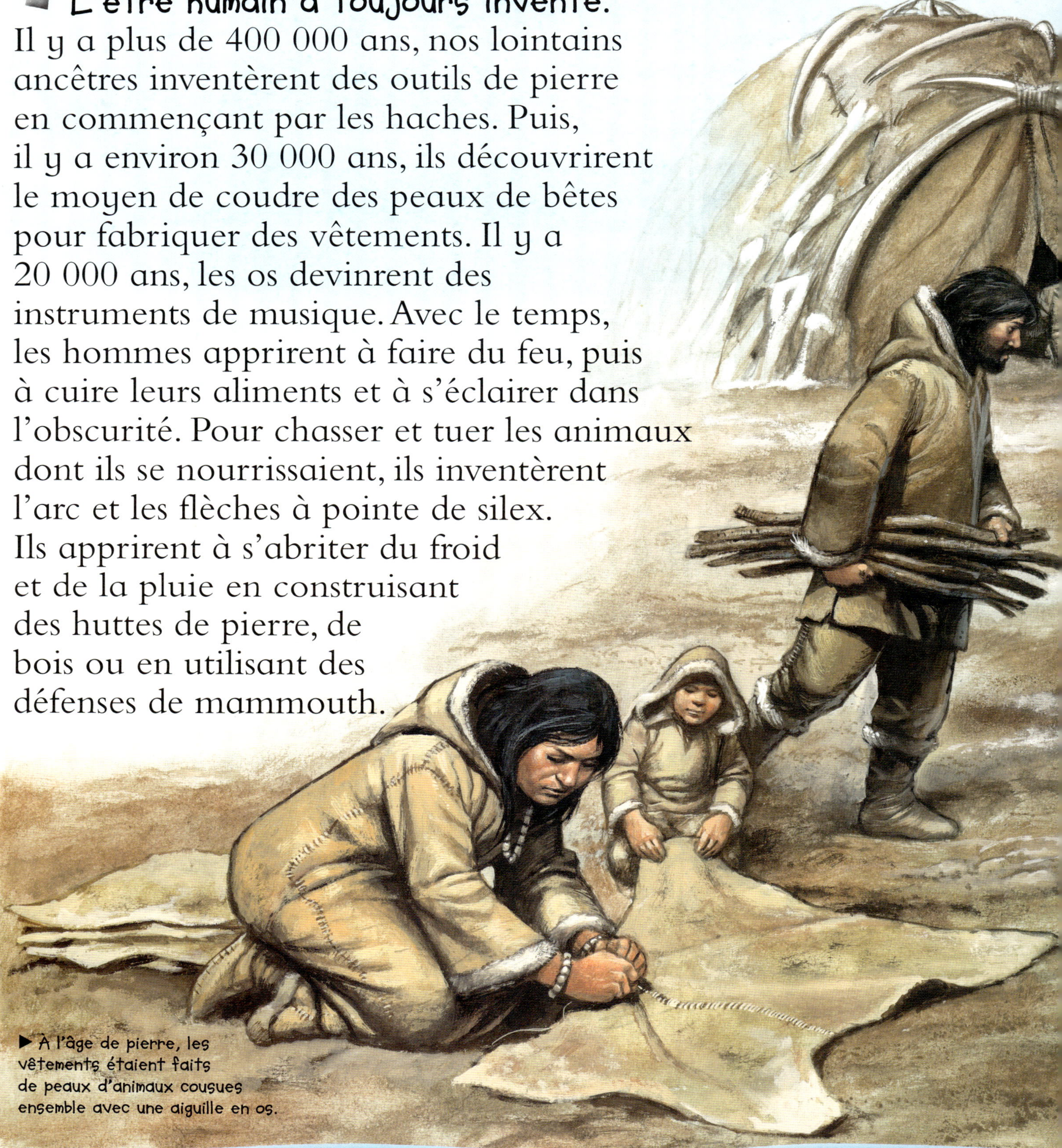

▶ À l'âge de pierre, les vêtements étaient faits de peaux d'animaux cousues ensemble avec une aiguille en os.

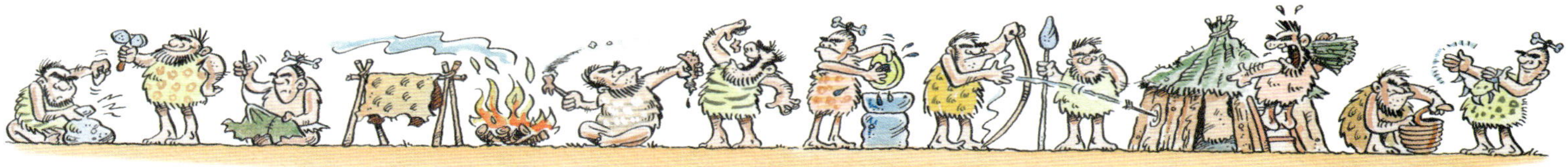

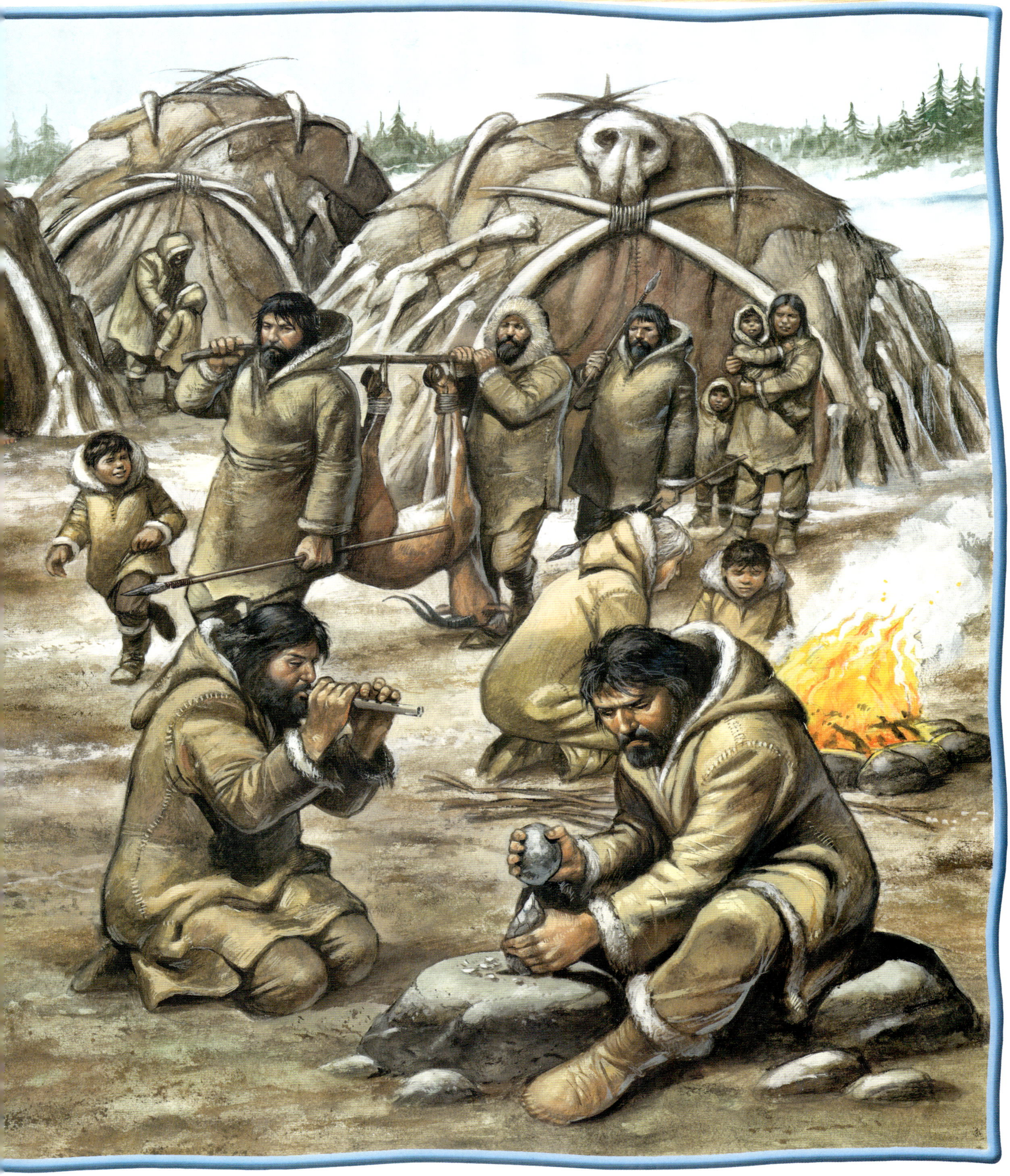

Les premiers outils

2 Les premiers inventeurs vivaient il y a environ 2,5 millions d'années. Ces créatures à forme humaine se tenaient déjà debout et marchaient sur leurs deux membres postérieurs. Leurs premières inventions furent des outils en pierre. Ils frappaient des pierres l'une contre l'autre pour leur donner une forme utile. Les scientifiques appellent nos ancêtres les plus lointains *homo sapiens*, « l'homme qui sait ».

3 Les hommes de l'âge de pierre savaient fabriquer des armes et des outils coupants en taillant des pierres dures appelées silex. En utilisant des bois de renne, ils creusaient des trous dans les sols calcaires pour en extraire des silex.

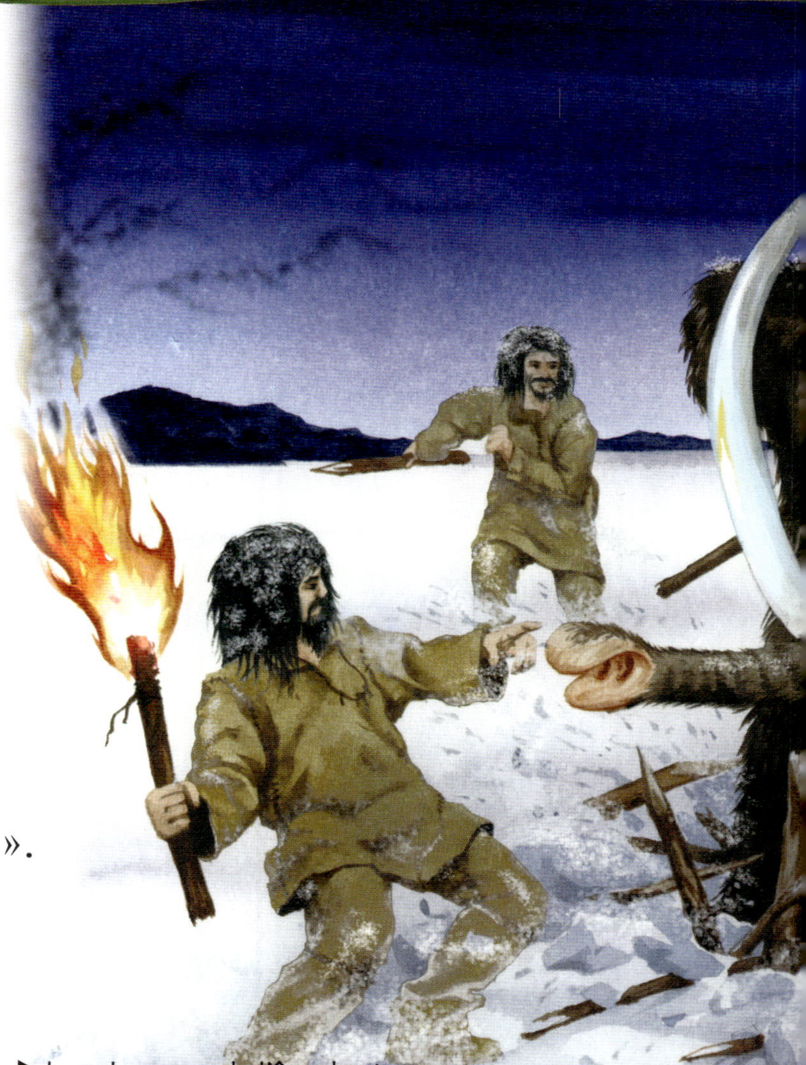

► Les chasseurs de l'âge de pierre piégeaient les mammouths avant de les tuer avec leurs épieux.

4 Les premiers chasseurs savaient tuer les plus grands animaux, comme les buffles ou les chevaux sauvages, en fixant des pointes en silex à leurs épieux. Ils pouvaient aussi tuer les mammouths et les dépecer avec des outils tranchants en silex capables de couper les peaux les plus dures.

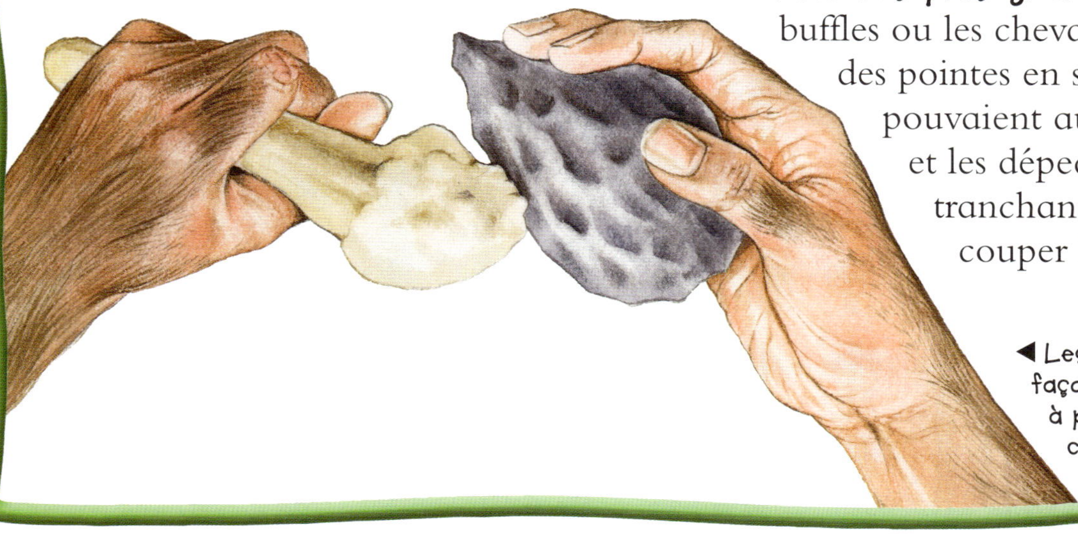

◄ Les outils en silex étaient taillés de façon à offrir une bonne préhension et à présenter des bords très tranchants capables de couper les os les plus gros.

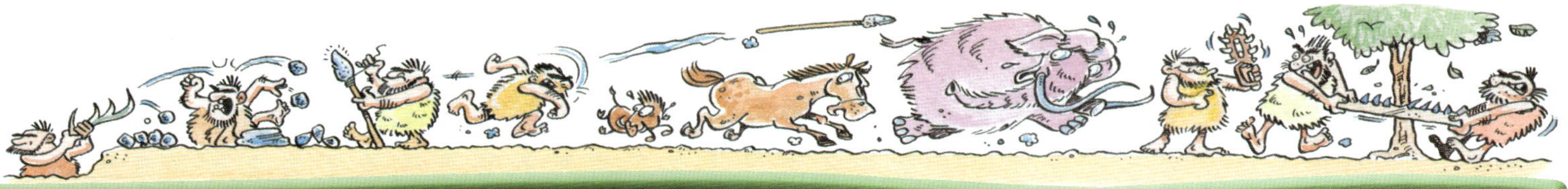

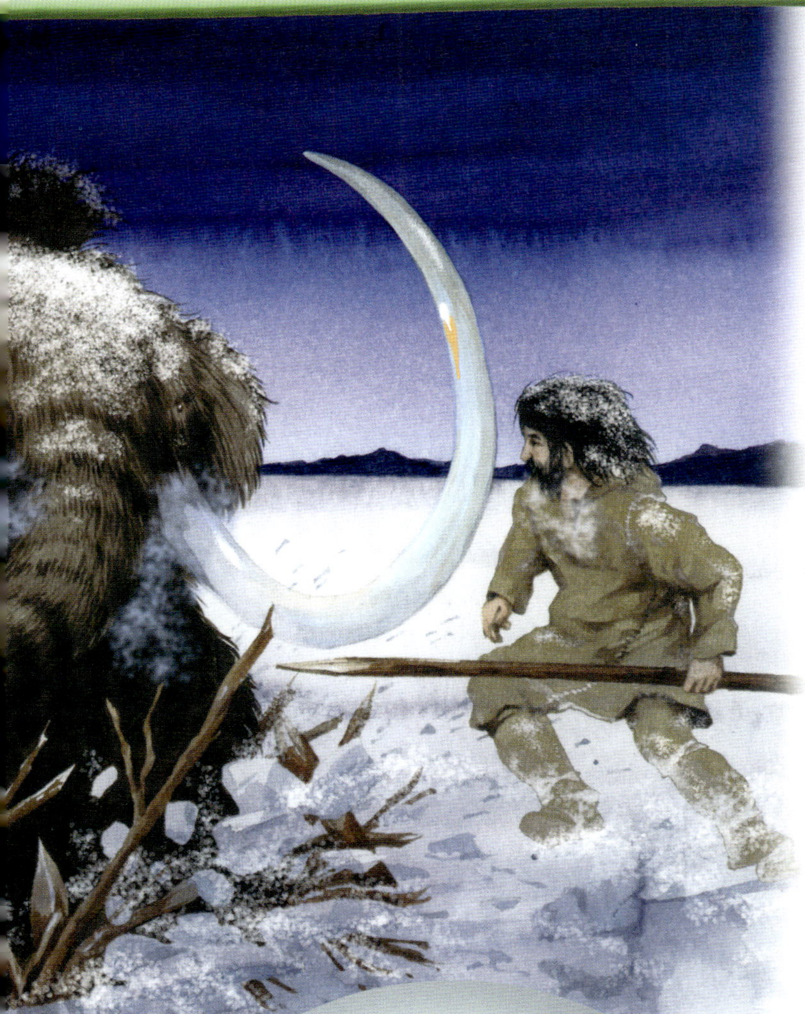

5 La hache était une arme redoutable.

5 La hache était une arme redoutable. L'invention du manche permit d'augmenter la force du coup. Munie d'une tête tranchante, la hache servit aussi à abattre des arbres pour construire des huttes et faire du feu.

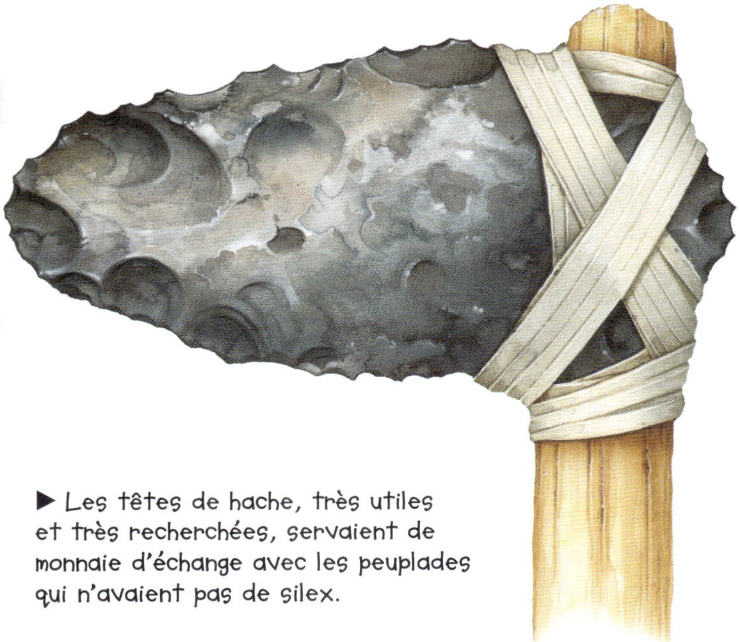

► Les têtes de hache, très utiles et très recherchées, servaient de monnaie d'échange avec les peuplades qui n'avaient pas de silex.

SAVEZ-VOUS QUE...

... des milliers d'années avant les aborigènes d'Australie, les chasseurs de l'âge de pierre utilisaient des boomerangs qu'ils taillaient dans des défenses de mammouth ?

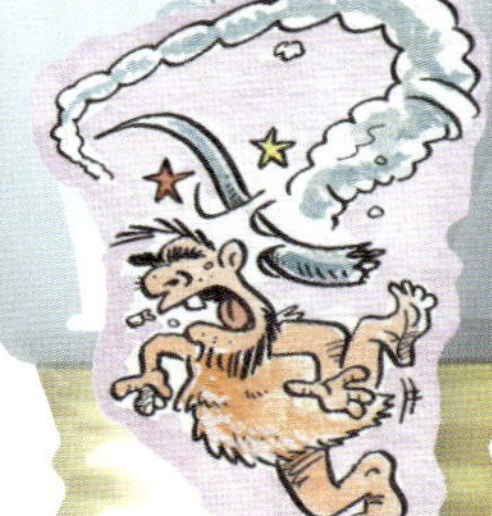

6 Les scies pouvaient couper les bois les plus durs. Les tailleurs de pierres apprirent à faire de très petits éclats de silex qu'ils fixèrent comme des dents dans une poignée droite en bois ou en os. Les dents cassées pouvaient être facilement remplacées. Les scies servaient à couper les os et le bois.

▼ Des scies étaient fabriquées 12 000 ans avant notre ère. Leurs dents de silex étaient fixées avec de la résine.

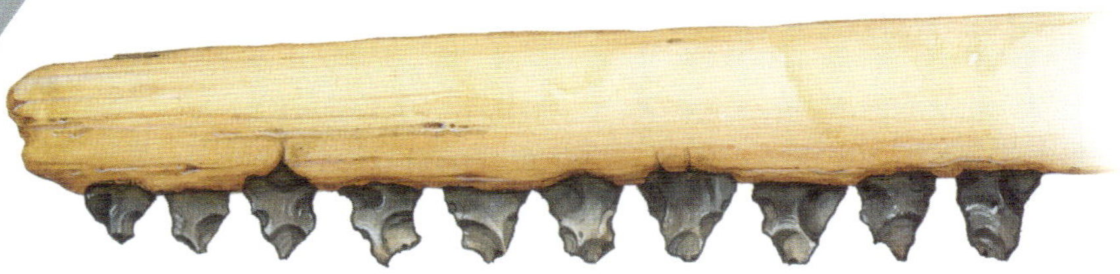

Les chercheurs de feu

7 Les premiers hommes utilisaient et entretenaient les feux allumés par la foudre. La découverte des effets du feu leur rendit la vie plus facile. Les premiers utilisateurs du feu vivaient en Afrique il y a plus de 250 000 ans. Pendant des milliers d'années, ces peuples se répandirent en Europe et en Asie, dans des contrées beaucoup plus froides. Le feu leur permit d'avoir chaud. Ils découvrirent comment faire tourner un bâtonnet très vite en l'entourant d'une corde tenue par un archet qu'ils faisaient aller et venir. Longtemps après, ils découvrirent un moyen de produire des étincelles en frappant un silex sur du fer et purent emporter avec eux un moyen sûr d'allumer du feu.

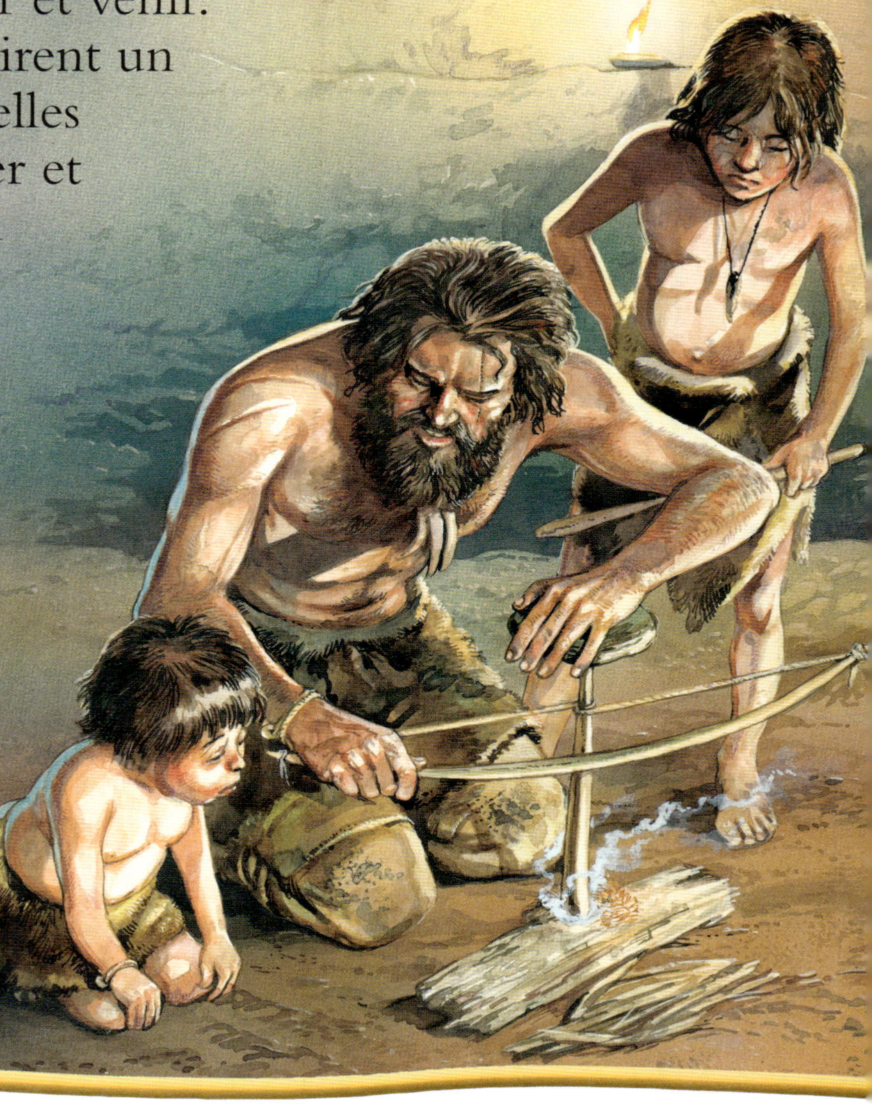

▶ Le feu permit aux premiers hommes de se chauffer, de s'éclairer et de cuire leurs aliments. Au fond des cavernes, la température reste constante quel que soit le temps qui règne au-dehors.

Produire de la chaleur

Lorsque vous avez froid aux mains, si vous les frottez lentement l'une contre l'autre, elles restent froides. Mais si vous les frottez très vite, elles se réchauffent. Le frottement rapide génère toujours de la chaleur.

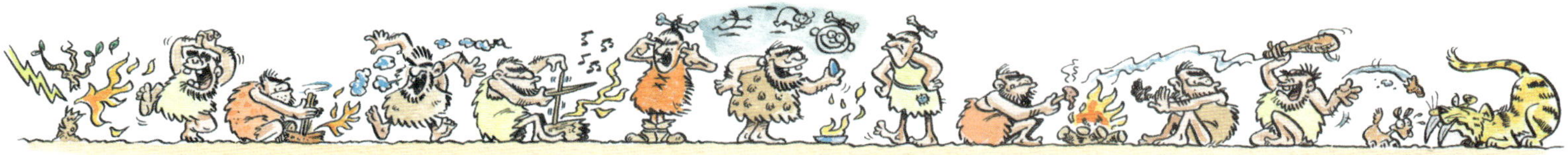

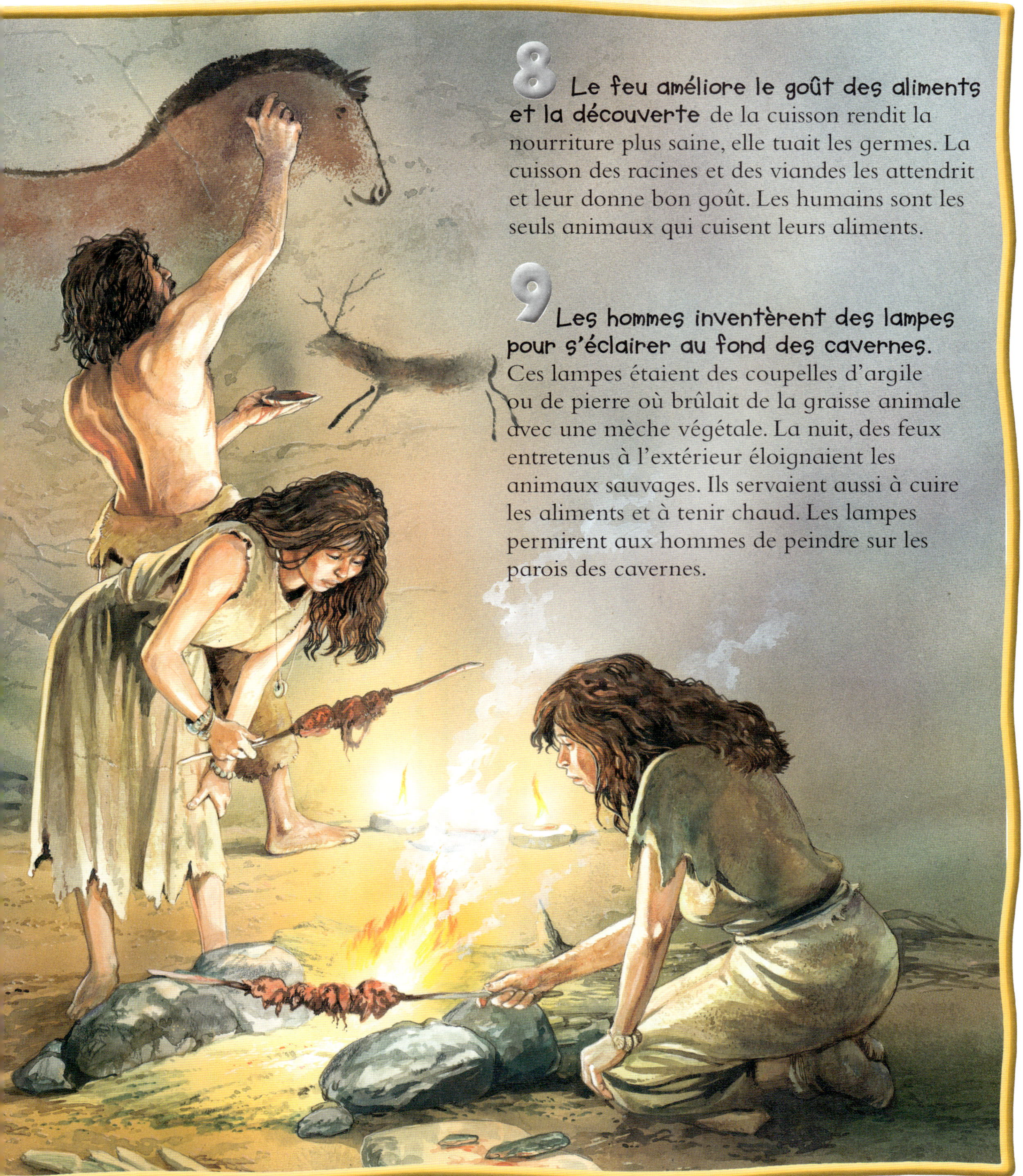

8 Le feu améliore le goût des aliments et la découverte de la cuisson rendit la nourriture plus saine, elle tuait les germes. La cuisson des racines et des viandes les attendrit et leur donne bon goût. Les humains sont les seuls animaux qui cuisent leurs aliments.

9 Les hommes inventèrent des lampes pour s'éclairer au fond des cavernes. Ces lampes étaient des coupelles d'argile ou de pierre où brûlait de la graisse animale avec une mèche végétale. La nuit, des feux entretenus à l'extérieur éloignaient les animaux sauvages. Ils servaient aussi à cuire les aliments et à tenir chaud. Les lampes permirent aux hommes de peindre sur les parois des cavernes.

Le miracle de la roue

10 La roue permet de déplacer des objets très lourds. Autrefois, les charges lourdes étaient tirées sur le sol, parfois sur des traîneaux. En Scandinavie, on a découvert des morceaux de traîneaux vieux de 7 000 ans. Il y a 5 500 ans, les Sumériens vivant en Mésopotamie commencèrent à utiliser des roues faites de planches assemblées.

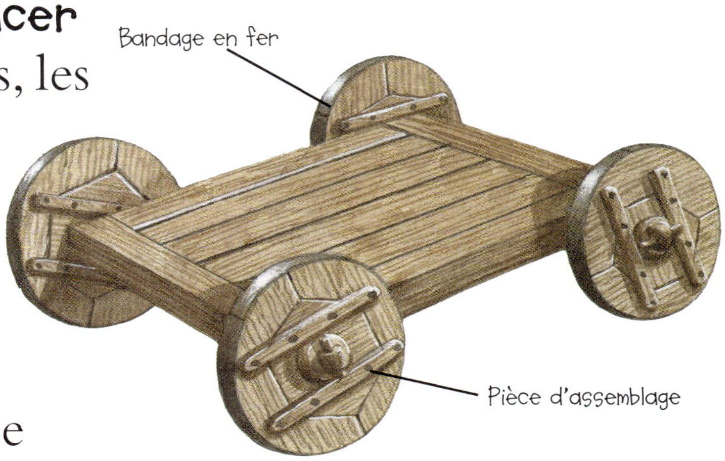

▲ Les roues en planches assemblées, très lourdes, étaient tenues et renforcées par des cercles ou bandages de fer.

11 Les guerriers munissaient leurs chars de combat de roues légères et solides. Les roues à rais sont plus légères que les roues pleines en bois. Vers 1800 avant notre ère, les Égyptiens possédaient des chars légers munis de roues à rais que les chevaux pouvaient tirer très vite dans les batailles. Les Grecs et les Romains de l'Antiquité avaient des chars de course et de guerre.

▼ Les roues à rais permettaient d'avoir des chars légers, rapides et maniables.

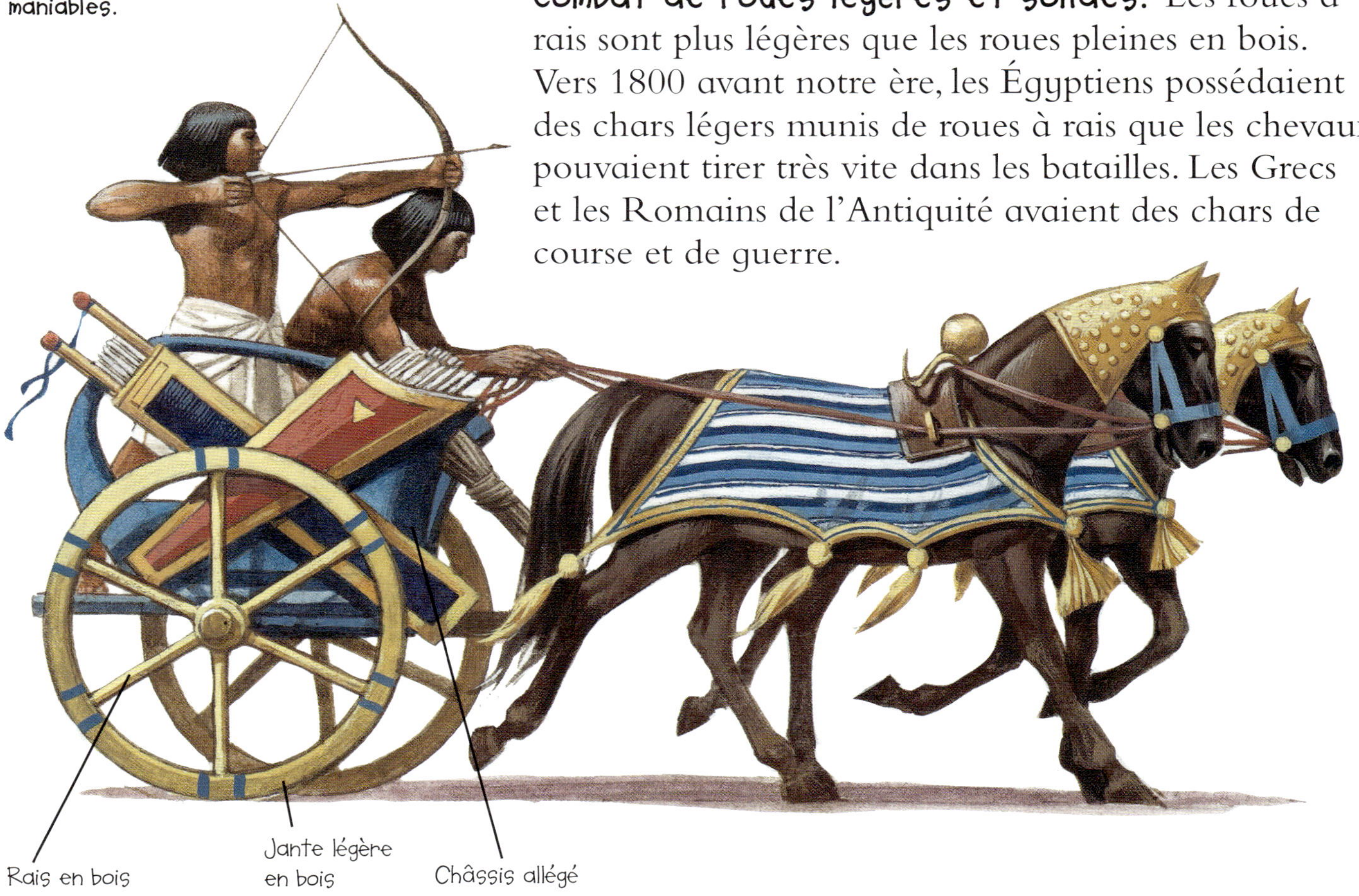

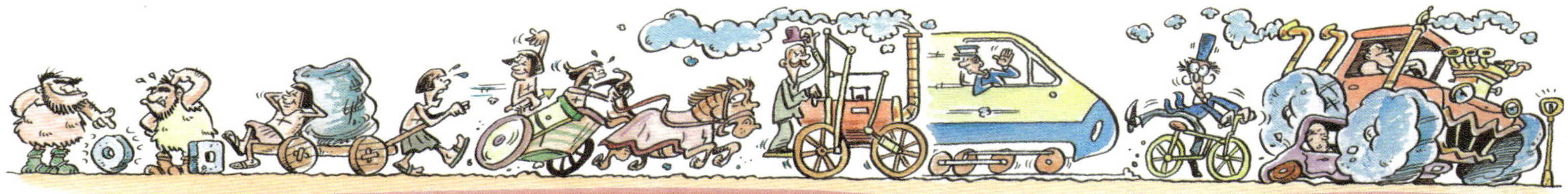

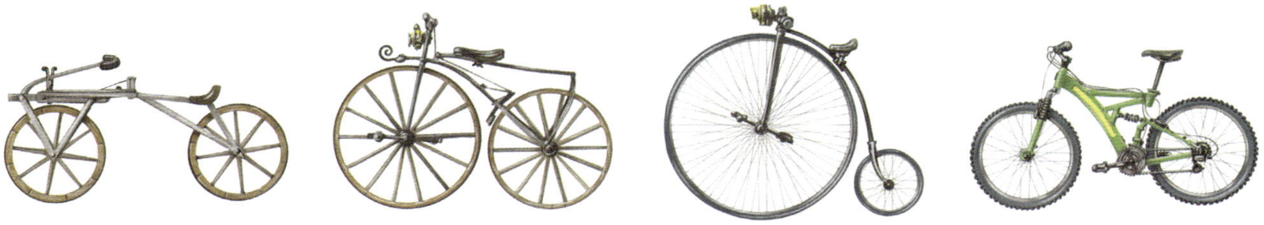

Draisienne (1818) — Vélocipède à pédales (1861) — Grand-bi (années 1870) — VTT (1976)

◀ Des premières draisiennes aux VTT modernes, la bicyclette a toujours eu beaucoup de succès.

12

Les premiers rails étaient en bois ! Il y a 400 ans, les chevaux tiraient des chariots de mine lourdement chargés sur des voies en bois. En 1789, William Jessop inventa des roues métalliques adaptées aux rails en fonte. Sur des rails modernes en acier, les trains pesant des milliers de tonnes roulent à de très grandes vitesses.

QUI EST APPARU EN PREMIER ?

1 (a) le chariot ou (b) le traîneau ?
2 (a) la roue pleine ou (b) à rais ?
3 (a) les rails ou (b) la locomotive ?
4 (a) les pneus à chambre à air ou (b) les pneus pleins ?
5 (a) le vélocipède ou (b) le VTT ?

Réponses
1b 2a 3a 4b 5a

13

Vers 1860, les bicycles à pneus en caoutchouc plein étaient appelés vélocipèdes. Le comte de Sivrac, inventa en 1791 un cycle à deux roues sans pédales, appelé célérifère, que l'on poussait avec les pieds. L'invention du pneu gonflable ou pneumatique rendit plus facile l'usage des cycles.

14

Les grandes roues sont plus confortables. Lors des spectacles de cascades automobiles, des camions munis de roues énormes doivent franchir des rangées de voitures. Les tracteurs à grandes roues ont été inventés pour pouvoir rouler sur les plus mauvais terrains.

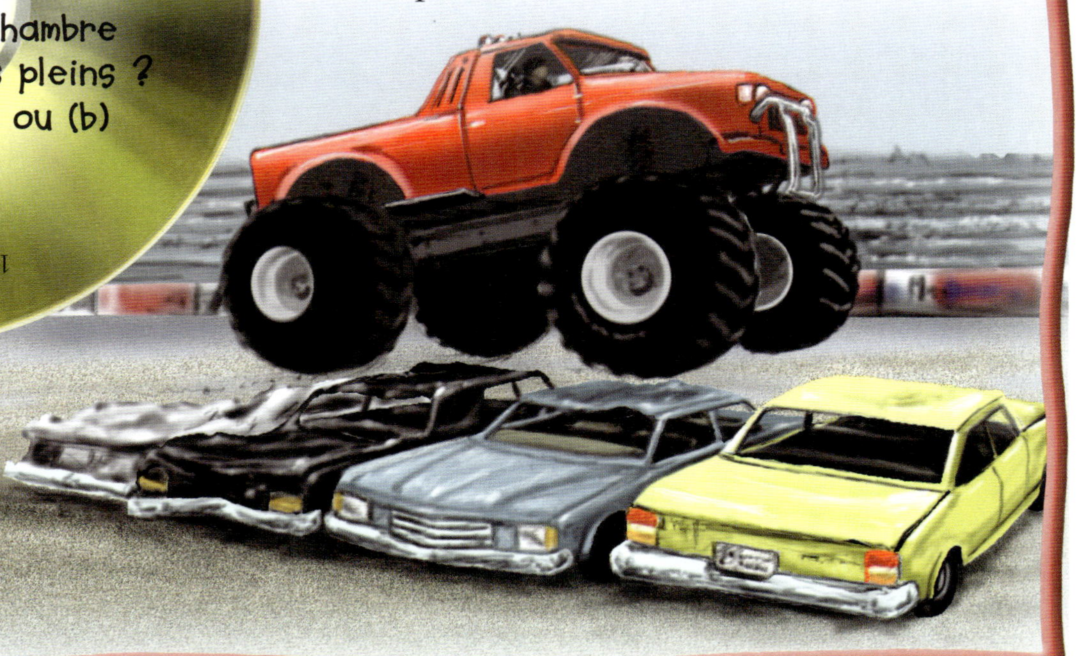

▶ Ces énormes roues équipent généralement les gros camions de chantier qui transportent dans leur benne basculante plusieurs tonnes de roches ou de terre.

L'agriculture

15 Les premiers cultivateurs bêchèrent la terre avec des épieux. Dans la région de l'Irak actuel, vers 9000 avant notre ère, les cultivateurs labouraient le sol pour planter des grains de blé et d'orge. Pour faucher les tiges portant les épis mûrs, ils se servaient de pierres coupantes. L'invention de la meule à céréales permit de produire la farine par écrasement des grains entre deux pierres.

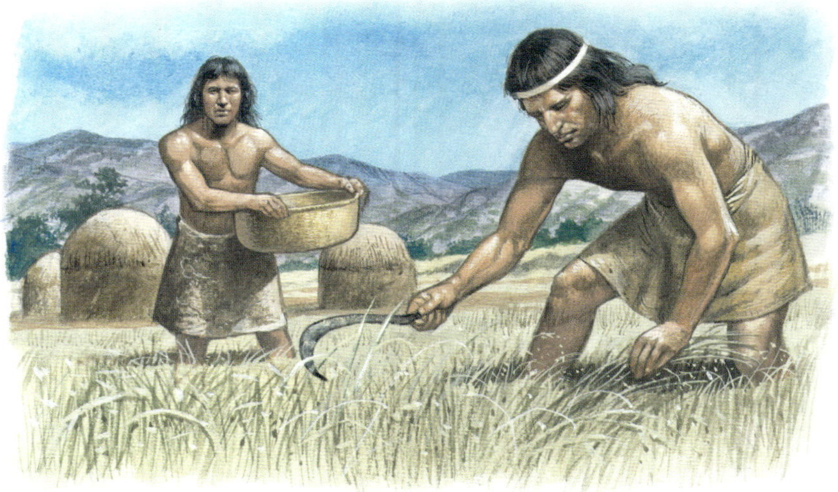

▲ Des faucilles recourbées en os ou en bois furent inventées pour récolter les céréales.

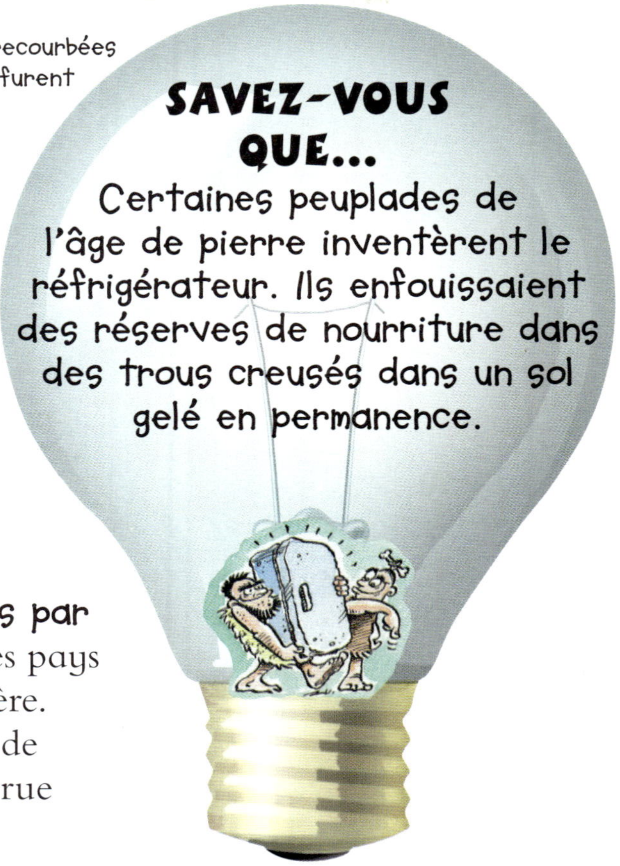

SAVEZ-VOUS QUE...

Certaines peuplades de l'âge de pierre inventèrent le réfrigérateur. Ils enfouissaient des réserves de nourriture dans des trous creusés dans un sol gelé en permanence.

16 Les premières charrues furent tirées par des hommes. Leur invention, en Égypte et dans les pays voisins, remonte à environ 4 000 ans avant notre ère. On utilisa ensuite des buffles et d'autres animaux de trait pour tirer les charrues. L'invention de la charrue à soc en fer a facilité le labourage en profondeur.

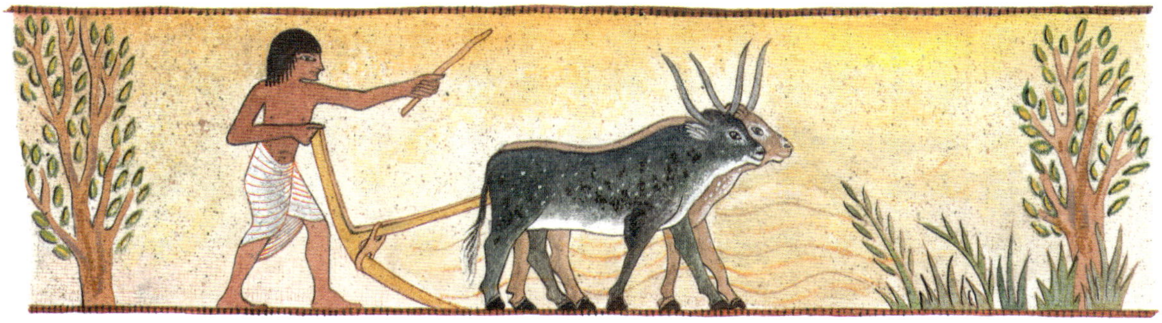

◀ Le creusement de sillons avec la charrue facilita l'ensemencement, l'irrigation et la récolte.

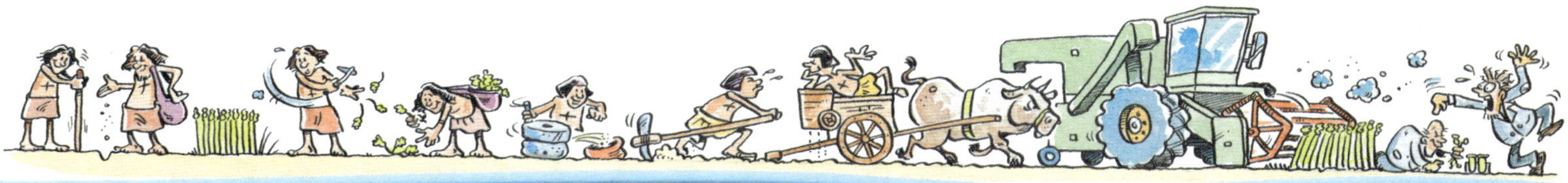

17 Des inventions récentes ont changé l'agriculture pour toujours.

Il y a environ 300 ans, de nouveaux outils apparurent, dont un semoir automatique inventé par l'Anglais Jethro Tull. Tirée par un cheval, cette machine plantait les graines à intervalles réguliers et en ligne, méthode plus économique que celle des semailles à la volée.

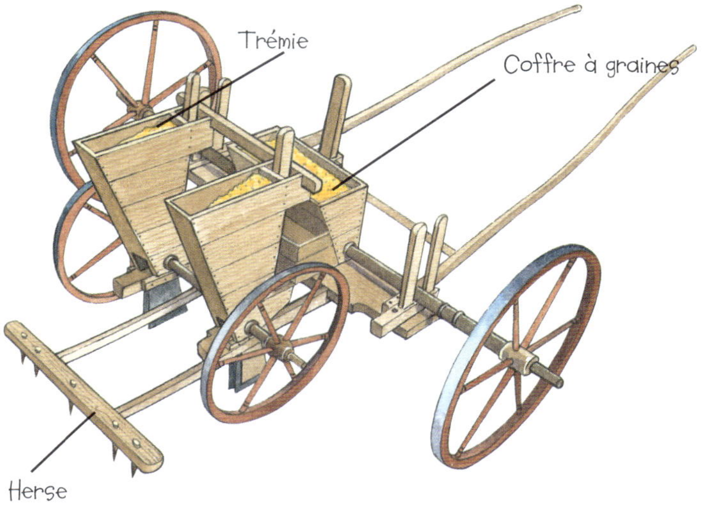

▲ Le semoir automatique de Jethro Tull semait trois lignes de grains en même temps.

18 Les machines modernes moissonnent des champs immenses dans des temps record.

La moissonneuse-batteuse a été mise au point pour moissonner les épis et battre le grain en même temps. Dans les plaines de l'Amérique du Nord, des équipes de moissonneuses-batteuses récoltent d'énormes quantités de blé.

19 Les scientifiques savent modifier la façon dont croissent les plantes.

Ils ont découvert le moyen de faire pousser des plantes vivrières autoprotégées contre les maladies et les parasites. D'autres plantes nourricières peuvent pousser dans des régions qui leur étaient jusque-là interdites par le sol ou le climat.

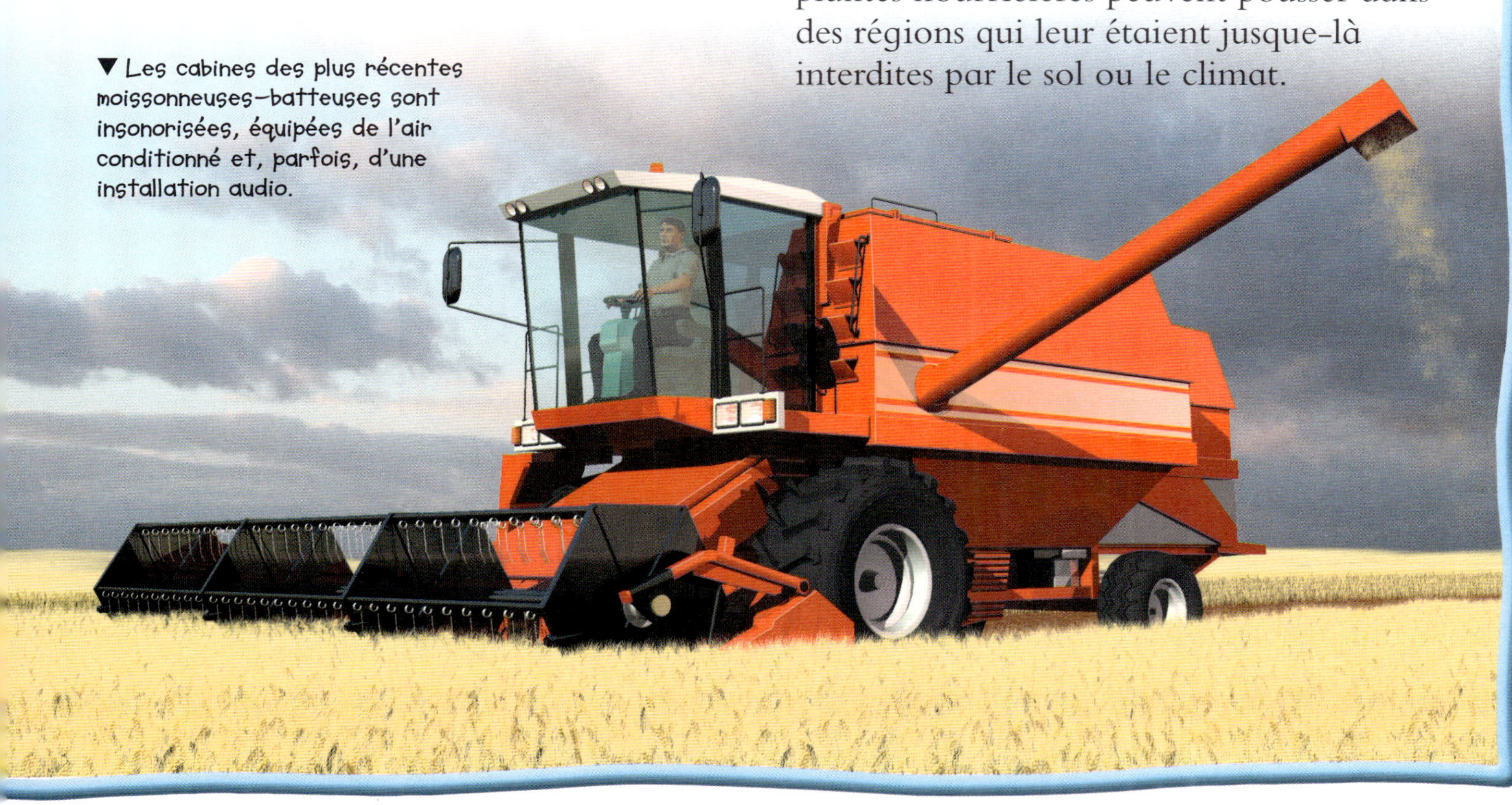

▼ Les cabines des plus récentes moissonneuses-batteuses sont insonorisées, équipées de l'air conditionné et, parfois, d'une installation audio.

L'attaque et la défense

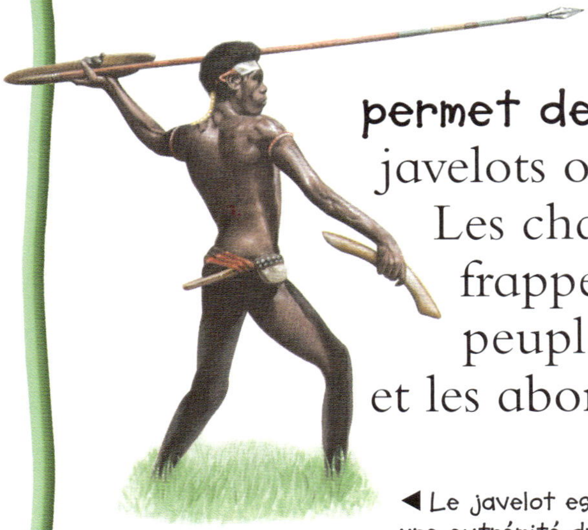

20 **L'utilisation d'un lance-javelots permet de doubler la portée de l'arme.** Les lance-javelots ont été inventés 15 000 ans avant notre ère. Les chasseurs et les guerriers les utilisaient pour frapper leur cible plus fort et plus loin. Tous les peuples du monde ont inventé cet accessoire et les aborigènes australiens les utilisent toujours.

◀ Le javelot est calé contre une extrémité du lance-javelots taillée en forme de coupelle.

▼ Les archers étaient retranchés derrière des rangées de pieux fixes très pointus qui les protégeaient des assauts des cavaliers.

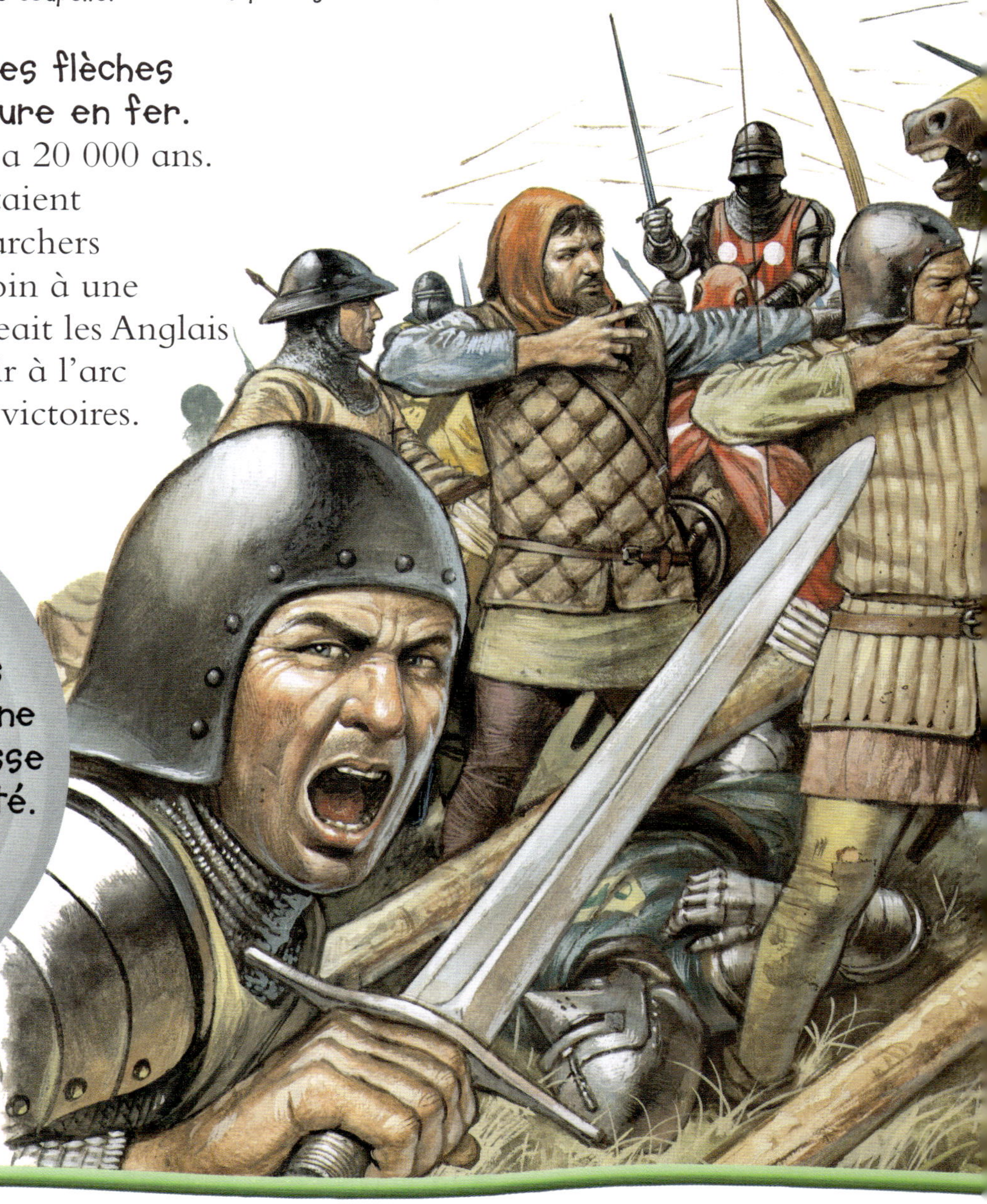

21 **Lancées par un arc, les flèches pouvaient traverser une armure en fer.** Arcs et flèches sont apparus il y a 20 000 ans. Il y a 900 ans, les arcs anglais étaient fabriqués avec du bois d'if. Les archers pouvaient tirer des flèches très loin à une cadence rapide. La loi qui obligeait les Anglais à s'entraîner régulièrement au tir à l'arc a été à l'origine de nombreuses victoires.

SAVEZ-VOUS QUE...

Les archers pouvaient viser et tirer six flèches à la minute. Il arrivait qu'une flèche traversât une cuirasse et ressortît de l'autre côté.

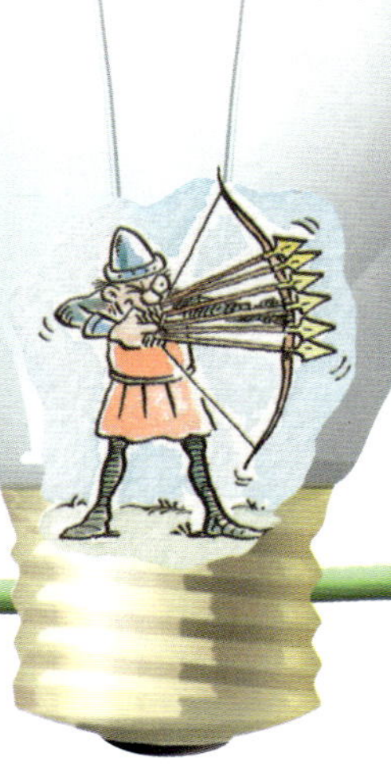

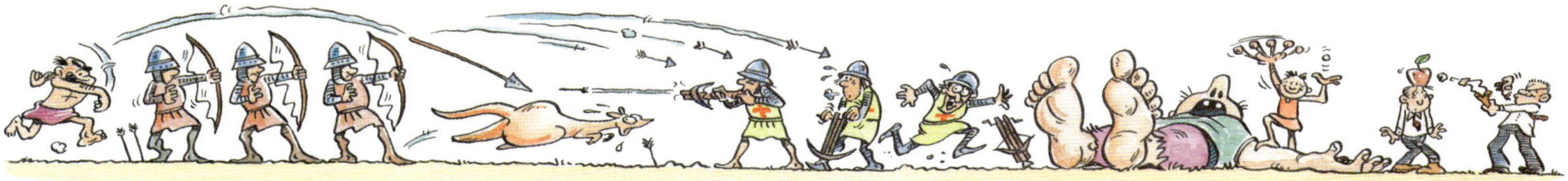

22 Les arbalètes devaient être retendues après chaque tir. Inventées il y a plus de 2 000 ans dans les régions méditerranéennes, elles lançaient des fléchettes en fer ou carreaux. Puissantes et précises, leur cadence de tir était plus lente que celle de l'arc. Les soldats les utilisaient en Europe dans les guerres de siège depuis l'an 1000. Dans les batailles où la rapidité du tir comptait beaucoup, les arcs étaient plus efficaces que les arbalètes.

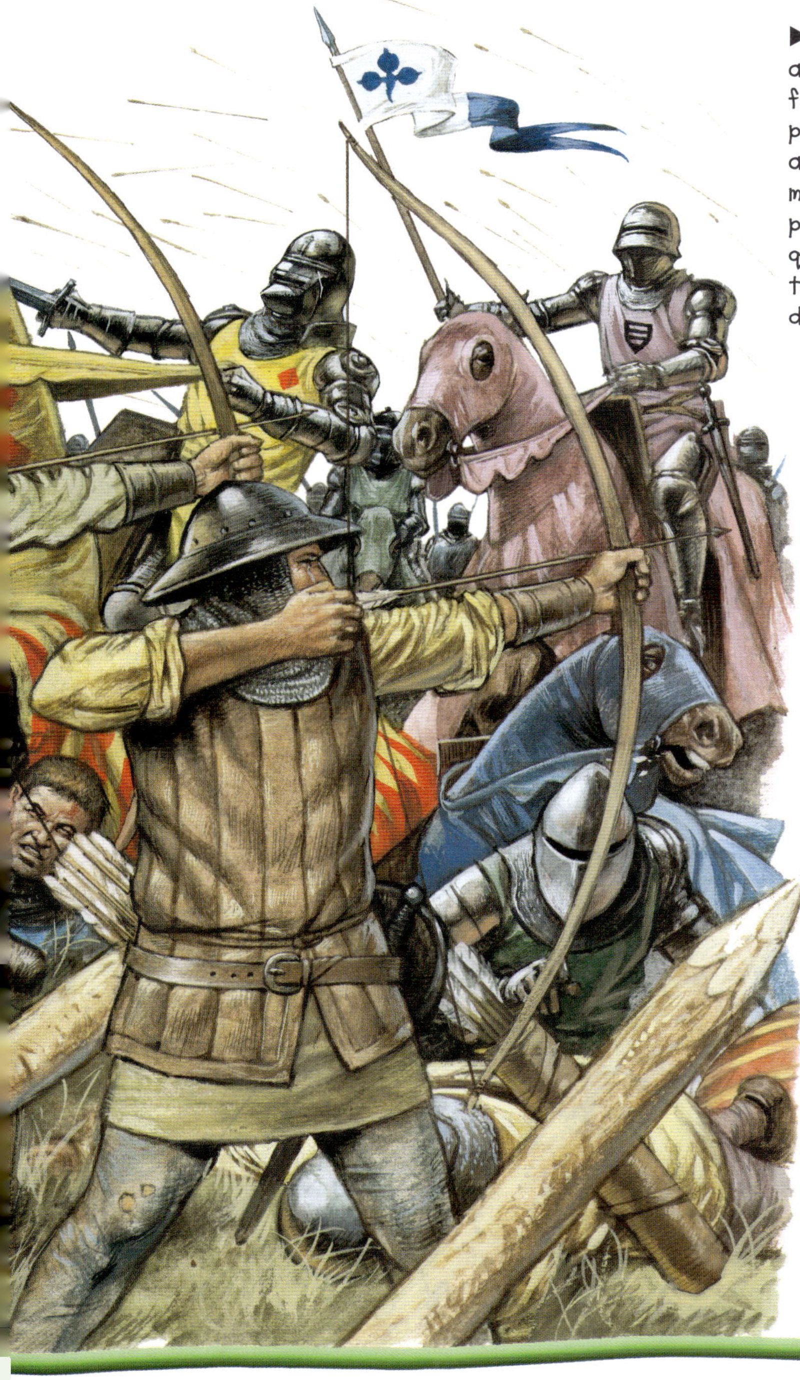

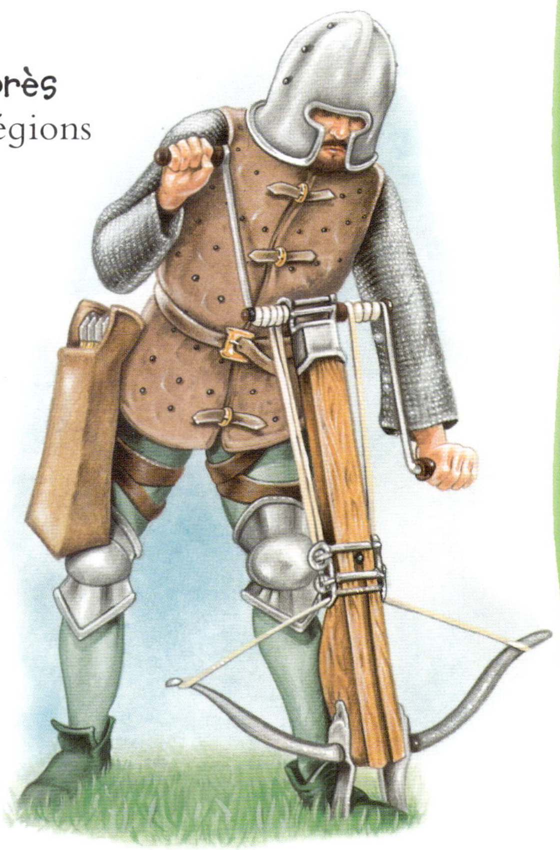

▶ Les arbalètes furent les premières armes mécaniques portatives que l'Église tenta parfois d'interdire.

23 La Bible nous apprend que David tua le géant Goliath en lançant une pierre avec une fronde. La fronde est une arme très ancienne, inventée par les bergers qui s'en servaient en gardant leurs troupeaux. Le lanceur tient l'extrémité des deux lanières et place une pierre dans la poche de la fronde. Il la fait tournoyer au-dessus de sa tête et lâche une des deux lanières. La pierre est lancée vers sa cible.

24 Le lance-pierres peut être très dangereux, car les lanières de caoutchouc sont comme la corde d'un arc. Il peut lancer un caillou comme une fronde. Les pêcheurs l'utilisent pour projeter des appâts et attirer le poisson vers la surface.

De la pierre au métal

25 **Il arrive que l'on découvre dans le sol des fragments d'or ou de cuivre purs.** Les hommes qui travaillèrent les métaux vers 8000 avant notre ère dans le bassin méditerranéen oriental créèrent des armes en cuivre et des bijoux en or.

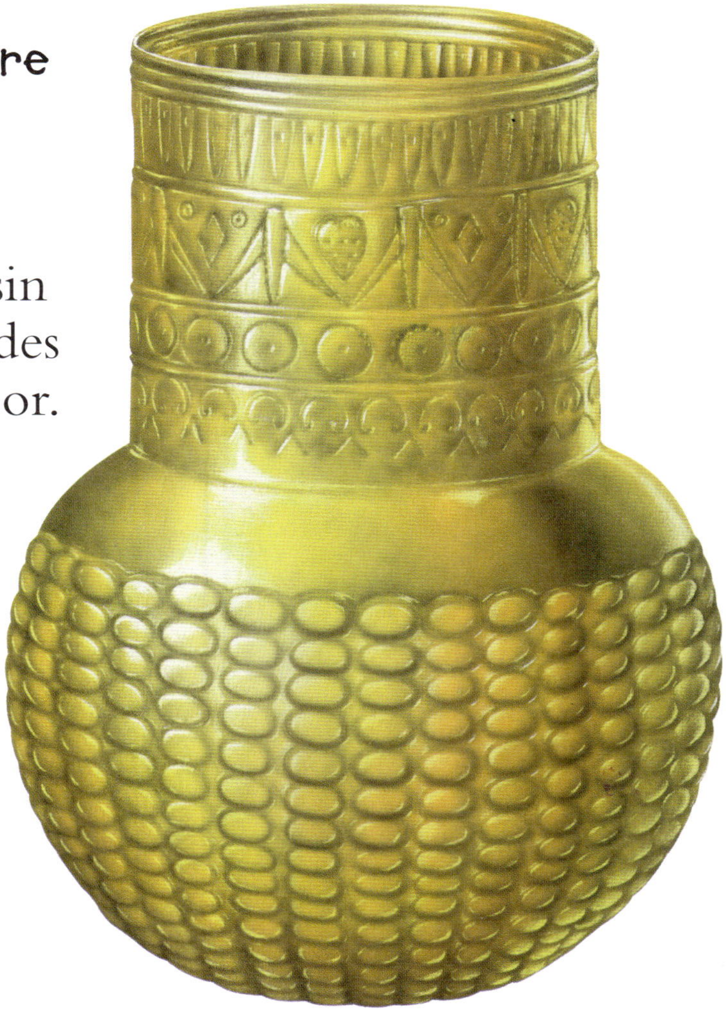

▶ L'or est malléable et les premiers orfèvres savaient le battre en feuille mince, lui donner des formes diverses et décorer les objets de motifs obtenus par repoussage.

26 **Souffler de l'air sur un feu en élève la température.** Il y a environ 8 500 ans, des peuples découvrirent le moyen de fondre les métaux contenus dans des roches ou minerais. Ils inventèrent le soufflet en peau d'animal pour activer le feu. La chaleur faisait fondre le métal et permettait de le séparer de la roche (affinage du métal).

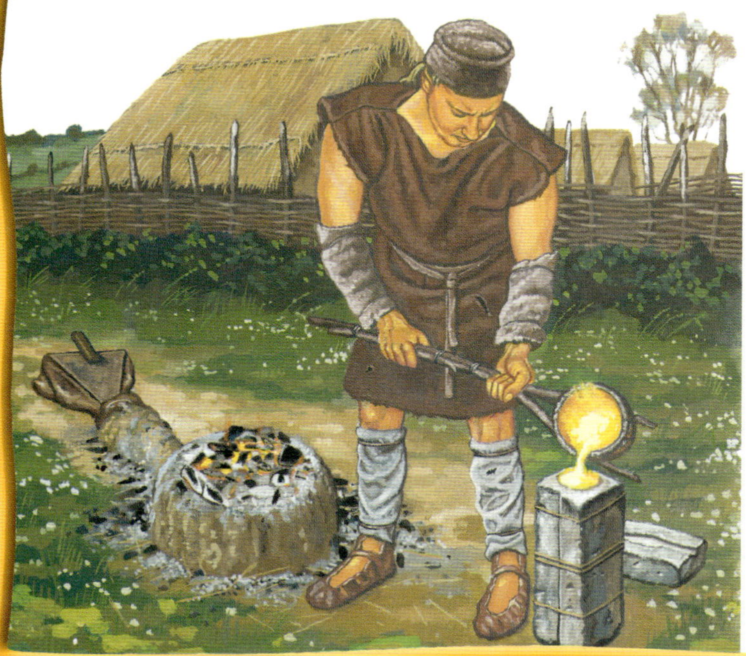

27 **Les armes en bronze conservent leur tranchant plus longtemps que les armes en cuivre.** Il y a 5 500 ans, les premiers métallurgistes inventèrent le bronze en mélangeant du minerai de cuivre et du minerai d'étain. Le bronze servit à faire des épées et des têtes de hache.

◀ Pour fabriquer des outils, le bronze en fusion était coulé dans des moules en pierre ou en terre cuite.

▶ Les haches en bronze étaient plus tranchantes et plus solides que les haches en pierre.

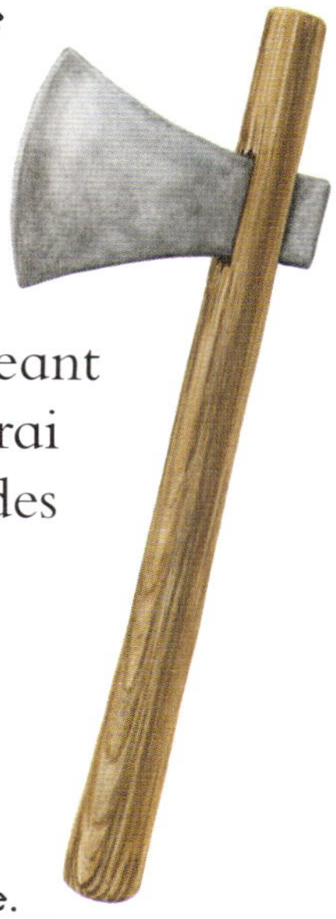

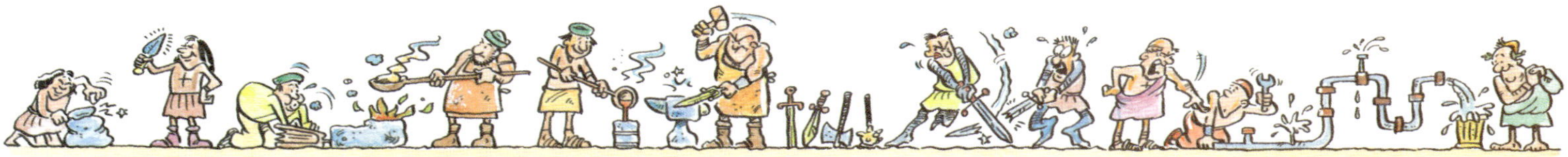

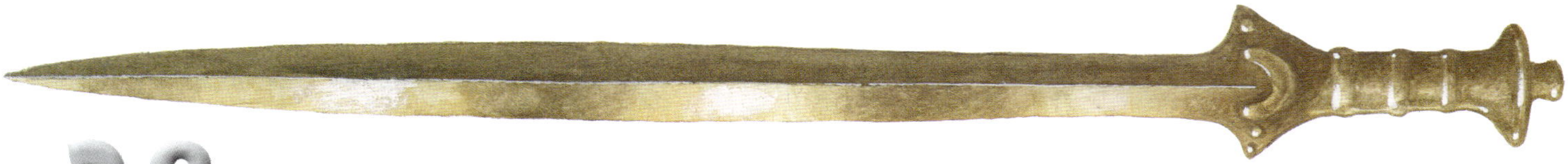

28 Les guerriers possédant des armes en fer pouvaient vaincre plus facilement ceux qui n'avaient que des armes en bronze. Vers 1500 avant notre ère, les forgerons commencèrent à utiliser le charbon de bois. La température, plus élevée, permit de fondre le fer.

▲ Une fois obtenu par fusion, le lingot de fer était façonné pour obtenir des armes solides et tranchantes.

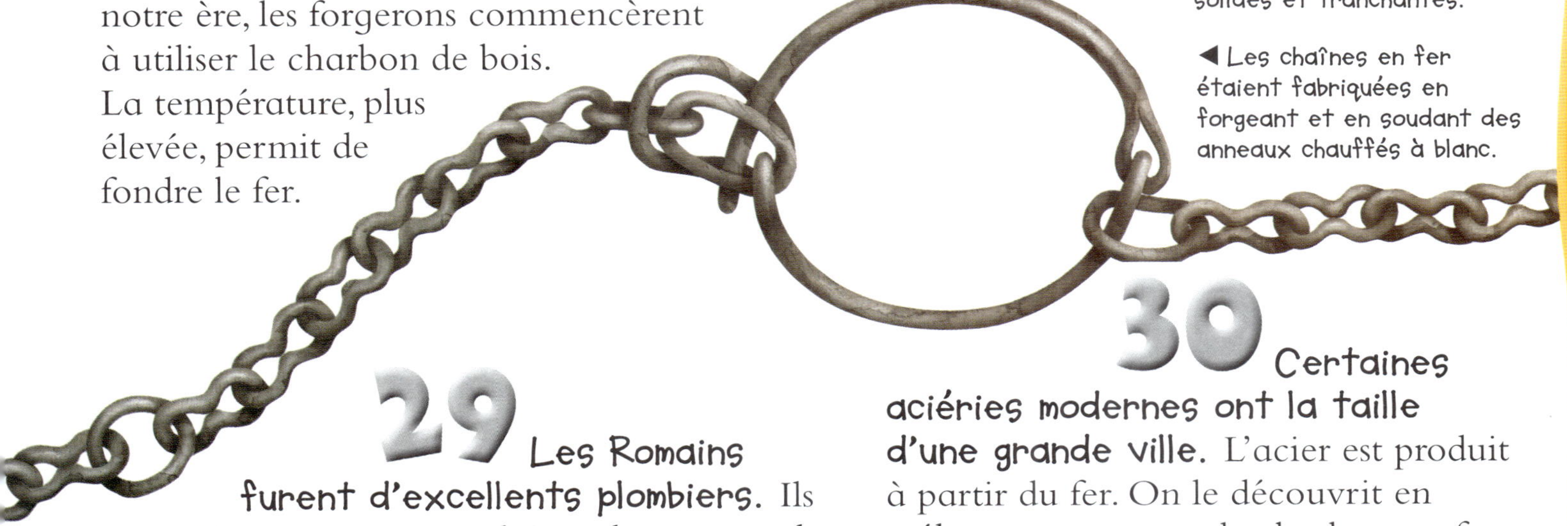

◀ Les chaînes en fer étaient fabriquées en forgeant et en soudant des anneaux chauffés à blanc.

29 Les Romains furent d'excellents plombiers. Ils fabriquaient et soudaient des tuyaux de plomb. Le plomb, très malléable et facile à former, n'est pas attaqué par l'eau.

30 Certaines aciéries modernes ont la taille d'une grande ville. L'acier est produit à partir du fer. On le découvrit en mélangeant un peu de charbon au fer en fusion. Il sert à construire beaucoup de choses, des navires aux gratte-ciel.

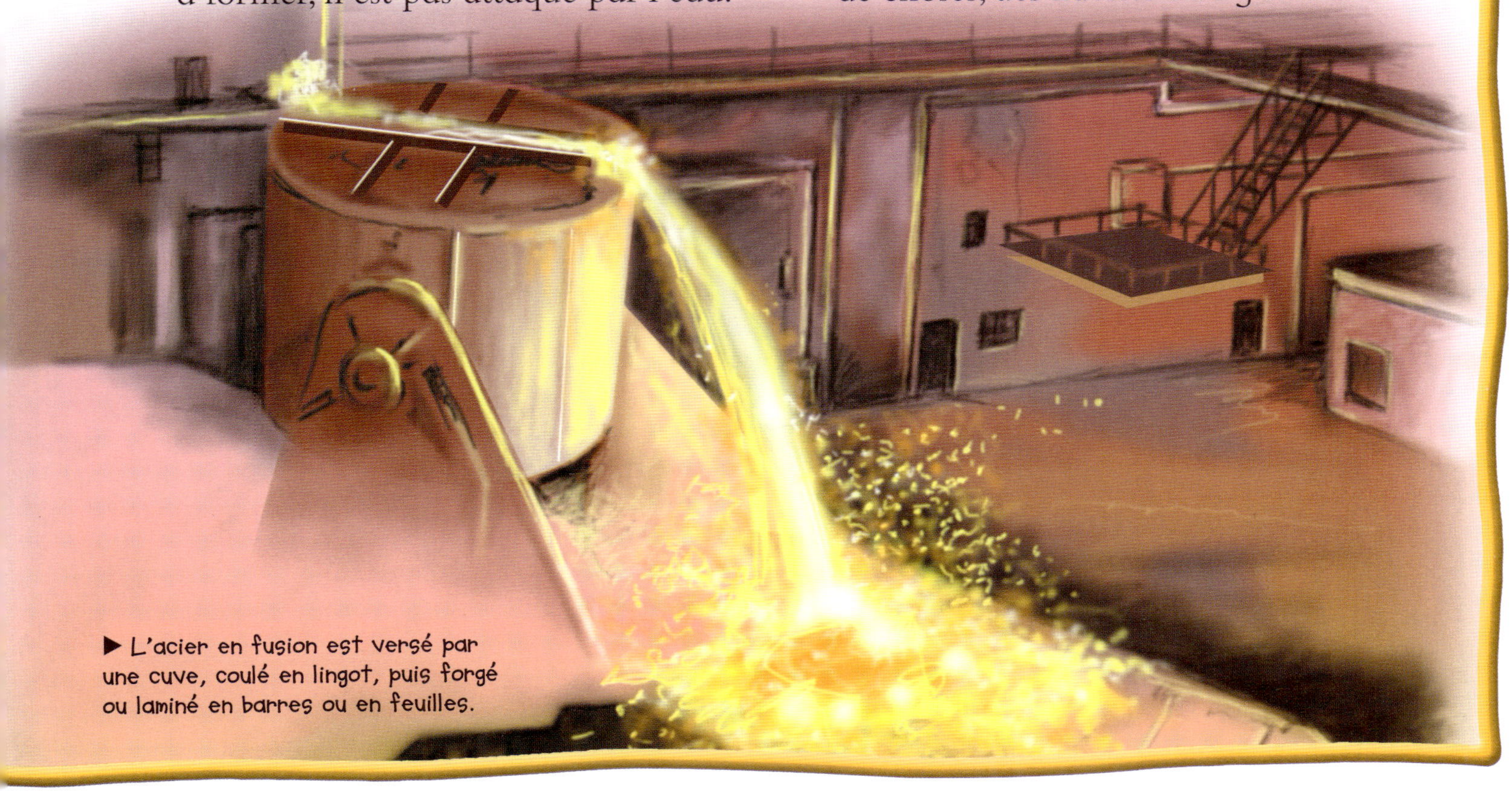

▶ L'acier en fusion est versé par une cuve, coulé en lingot, puis forgé ou laminé en barres ou en feuilles.

Bateaux et voiles

31 Les navigateurs vikings découvrirent l'Amérique il y a un millier d'années. Les premiers bateaux étaient de grands radeaux faits de rondins assemblés, capables de porter de lourdes charges, mais très lents. Les barques des Vikings, plus rapides, pouvaient naviguer en haute mer. Les voiles furent inventées il y a environ 5 000 ans.

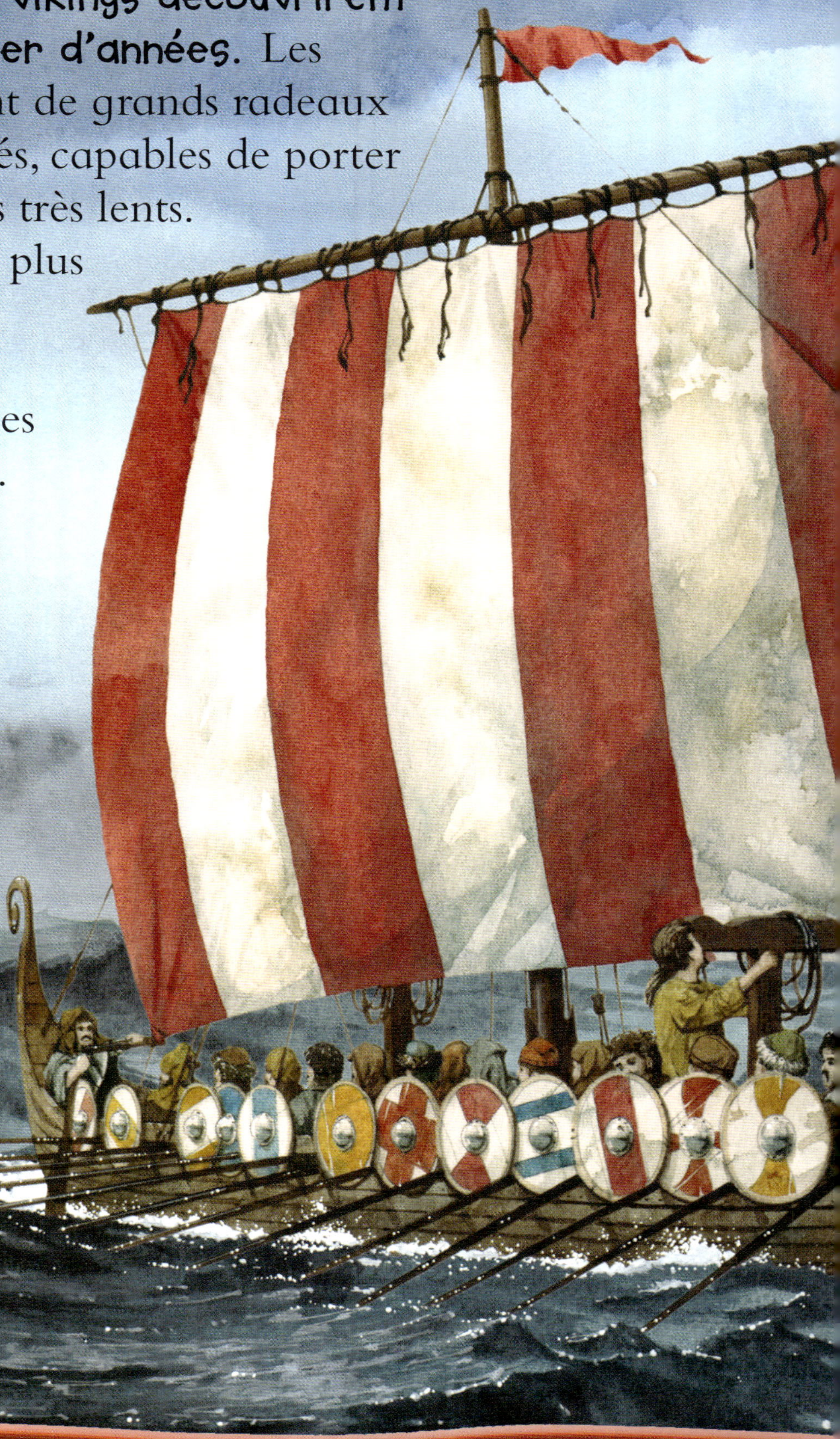

▶ Les barques vikings, faites de longues planches clouées sur des membrures en bois, étaient dirigées au moyen d'un grand aviron fixé à la poupe (l'arrière du bateau). Elles pouvaient naviguer à la voile sur mer et remonter à la rame les rivières peu profondes. Les Vikings empruntèrent les cours d'eau pour passer de la mer Baltique à la mer Noire.

SAVEZ-VOUS QUE...

En 450 avant notre ère, un marchand appelé Himilcon fit voile de l'Afrique du Nord aux Îles britanniques. Il alla en Cornouailles, en Angleterre, où il acheta de l'étain.

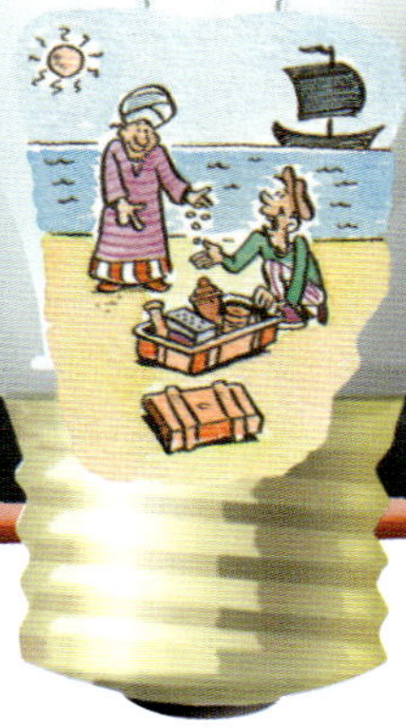

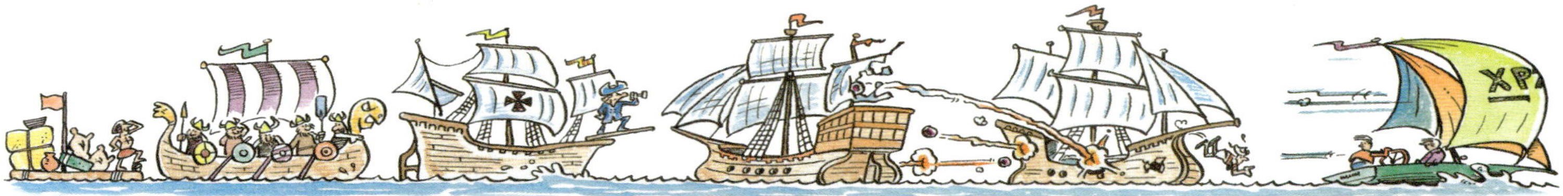

32 Il y a trois siècles, les océans et les mers étaient déjà parcourus par de nombreux bateaux à voiles. Certains bâtiments, comme les navires de guerre, étaient très grands, équipés de voiles multiples et leur équipage était très nombreux. Des pays comme l'Angleterre, la France, l'Espagne et les Pays-Bas possédaient des marines très puissantes.

33 Des voiliers modernes peuvent faire le tour du monde sans escale. Ils sont équipés d'appareils perfectionnés pour la manœuvre des voiles et de systèmes de navigation automatique. Ces bateaux sont fins, légers et très rapides.

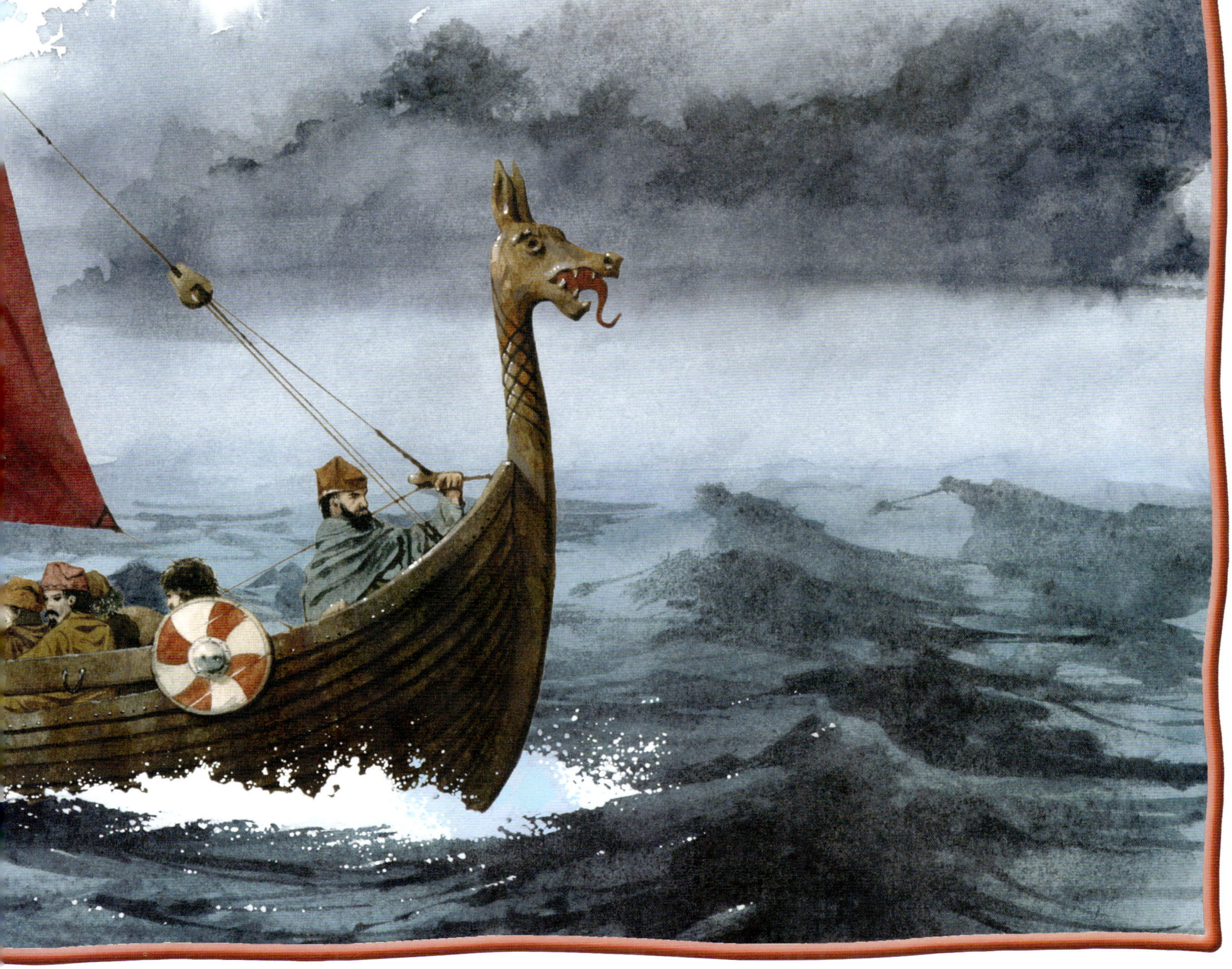

Précieuse argile

34 Les chasseurs de l'âge de pierre utilisaient l'argile cuite lors de leurs rituels magiques. Il y a plus de 30 000 ans, en Europe centrale, ils découvrirent que l'argile durcissait au soleil et plus encore dans le feu. Ils fabriquèrent des statuettes représentant des animaux et des humains qui servaient à porter chance aux chasseurs. La découverte du durcissement de l'argile par le feu est à l'origine de l'art de la poterie.

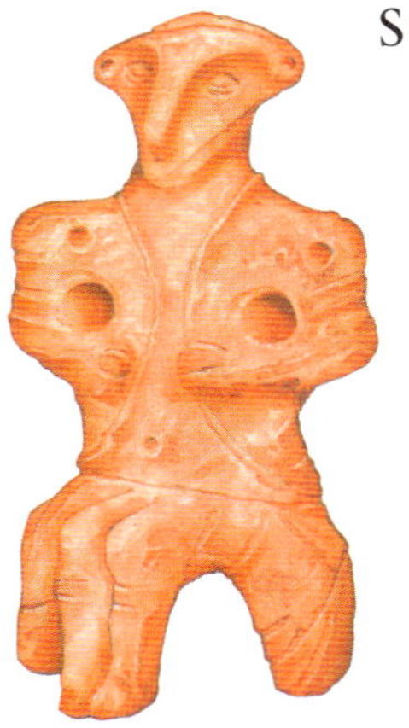

◀ Les plus anciennes statuettes d'argile ont été façonnées pour évoquer les ancêtres ou représenter des divinités.

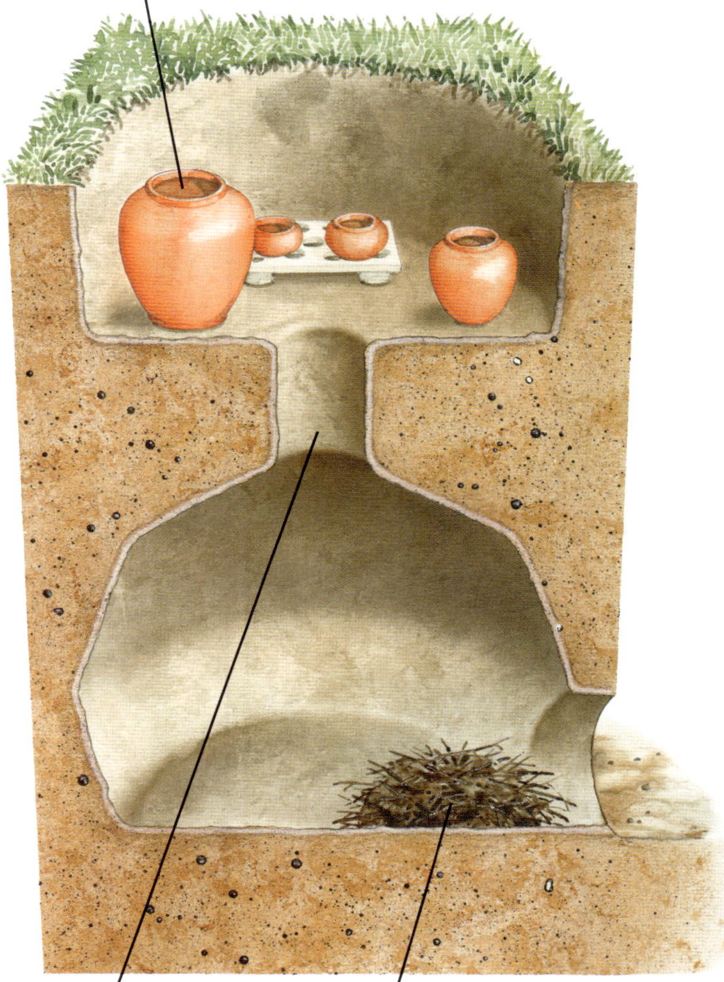

▶ Le four à céramique obtient des températures plus élevées qu'un feu ouvert et contrôle mieux la chaleur.

35 Les coupes en argile cuite changèrent la façon dont les hommes s'alimentèrent. Les poteries les plus anciennes, trouvées au Japon, datent d'environ 10 000 ans. Formées à la main, elles étaient cuites au feu, et servirent à faire bouillir les aliments. Vers 7000 avant notre ère, les potiers du Sud-Est asiatique utilisèrent une nouvelle invention : un foyer spécial appelé four à céramique.

36 Le tour du potier a été inventé avant la roue. Vers 3500 avant notre ère, en Mésopotamie les potiers inventèrent une roue permettant de faire tourner le morceau d'argile pour former des poteries arrondies. De cette façon, on obtenait des formes rondes et lisses.

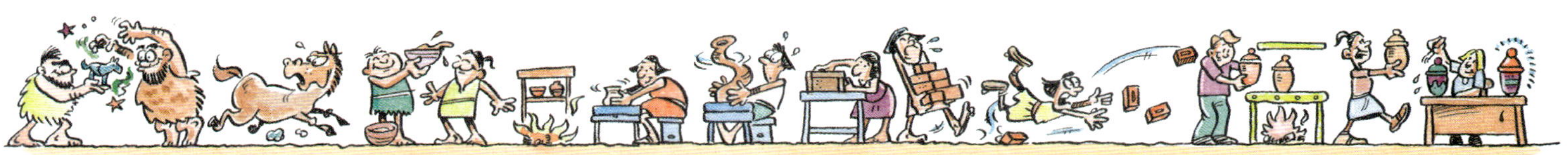

37 La fabrication des briques a commencé dans des pays chauds dépourvus de forêts.

Les constructions en briques sont apparues vers 9000 avant notre ère dans la vallée du Jourdain. Les briques (mélange d'argile et de paille) étaient séchées au soleil. Vers 3500 avant notre ère, des briques cuites au four furent utilisées en Mésopotamie.

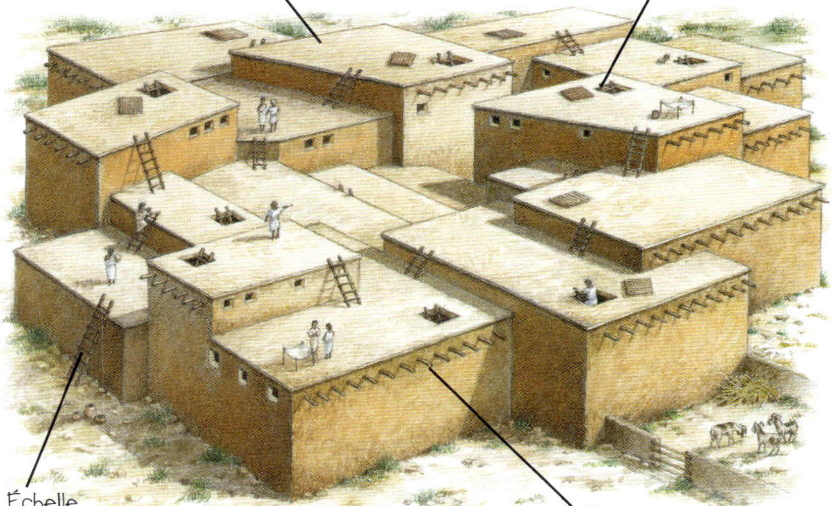

▶ En 6000 av. J.-C., les maisons de la ville turque de Çatal Höyük n'avaient pas de portes.

38 Les fabriques modernes produisent des milliers de pièces qui sont cuites dans de grands fours.

Les tours sont actionnés par des moteurs électriques. Les motifs décoratifs sont encore souvent peints à la main.

Modelage d'une poterie en « colombins »

Roulez en un long cordon de l'argile à modeler. Faites la spirale à plat, puis enroulez le colombin en spirale montante. Donnez-lui une forme évasée avant de lisser les faces intérieure et extérieure.

▼ La décoration des poteries à la main demande une grande habileté nécessaire à la reproduction exacte des motifs.

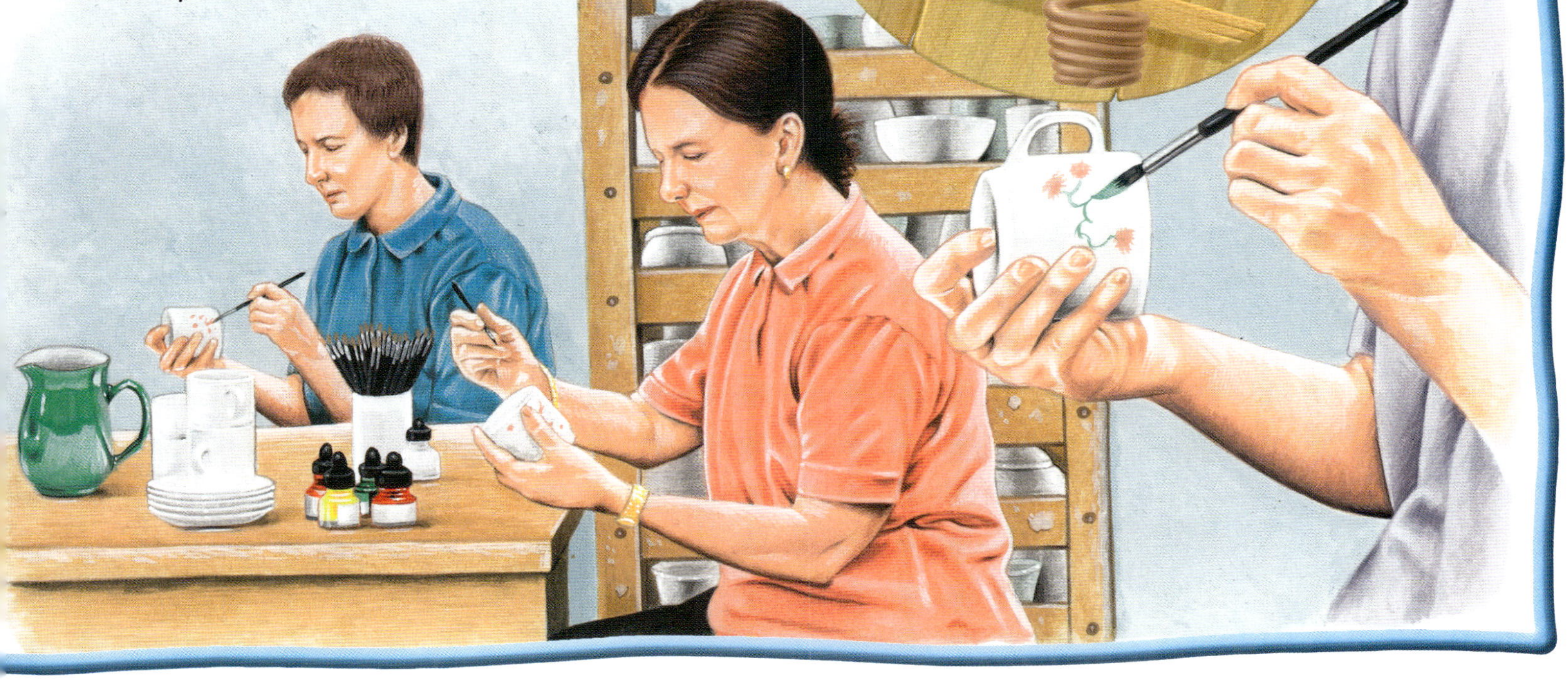

À la decouverte du monde

39 Les premiers navigateurs se guidaient en observant les étoiles.

Vers 1000 avant notre ère, les marchands phéniciens venant de Syrie pouvaient s'éloigner en haute mer sans se perdre. Ils se repéraient à la position des étoiles qu'ils connaissaient. L'Étoile polaire qui indique le Nord se trouve à l'extrémité de la Petite Ourse.

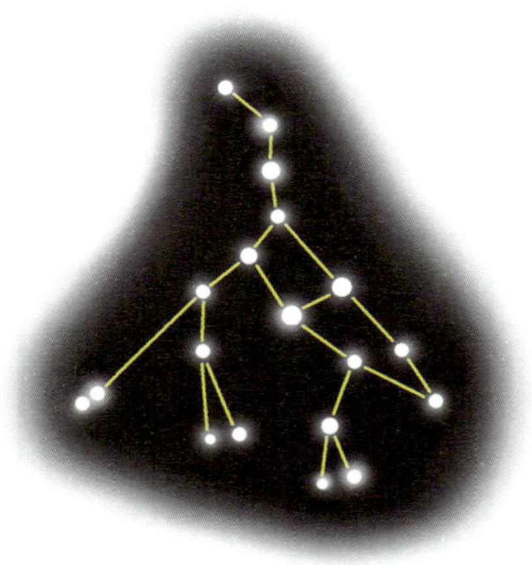

▲ La Grande Ourse semble se déplacer dans le ciel, mais elle indique toujours l'Étoile polaire et le nord.

▼ La boussole est une aiguille aimantée qui tourne librement sur un pivot au-dessus d'une rose des vents et qui indique les points cardinaux.

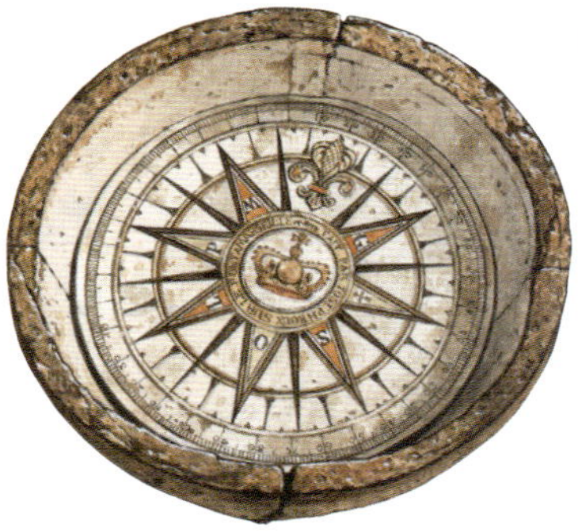

40 La boussole magnétique indique la direction nord-sud.

Elle permet aux marins de naviguer même quand les étoiles sont invisibles. Les Chinois ont inventé la boussole il y a environ 3 000 ans. Les Européens l'utilisent depuis 1 000 ans environ.

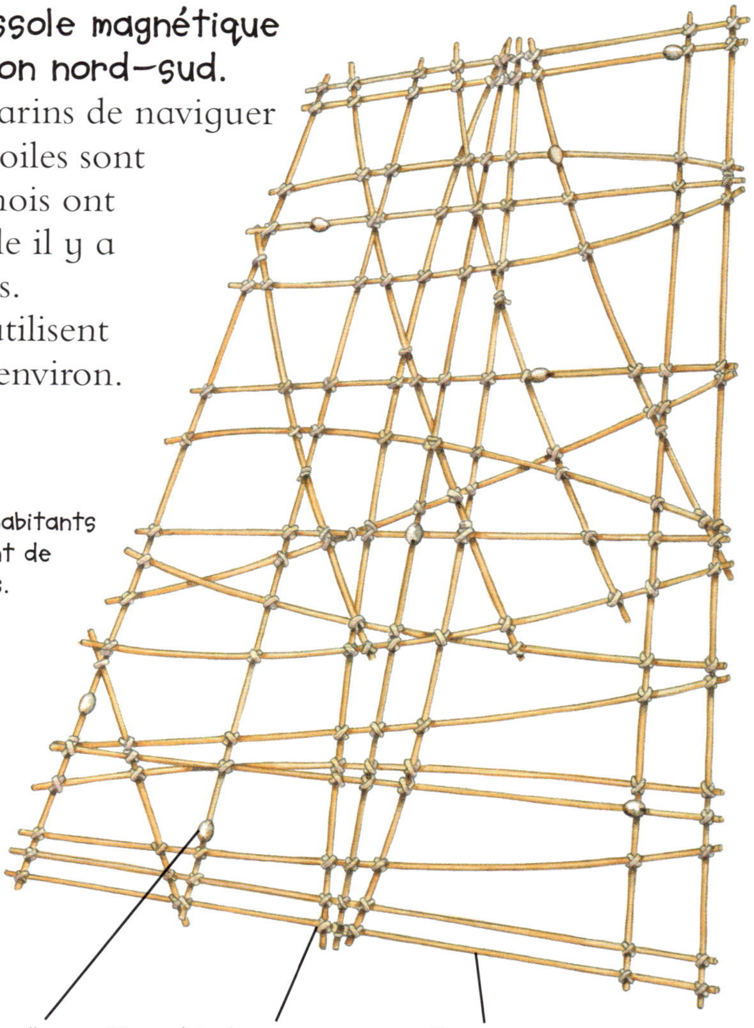

▶ Au moyen de cartes faites de baguettes et de coquillages, les habitants des îles du Pacifique effectuèrent de très longues traversées maritimes.

41 La première carte du monde a été tracée par le savant grec Ptolémée en l'an 160 de notre ère.

Vers 550 avant notre ère, les cartes grecques montraient le monde connu entouré par des mers. Il y a 500 ans, les habitants des îles du Pacifique possédaient des cartes faites de baguettes et de coquillages. Le premier globe terrestre a été créé par l'Allemand Martin Behaïm en 1492.

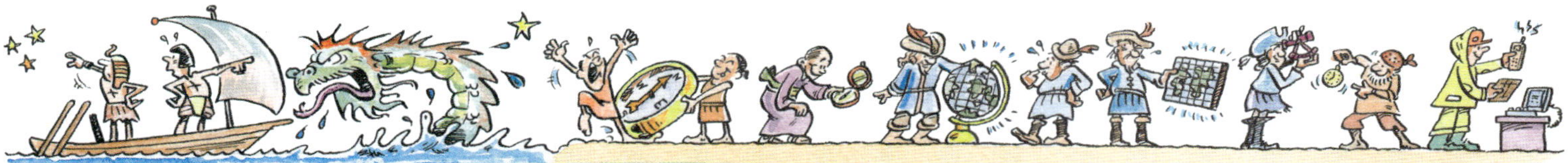

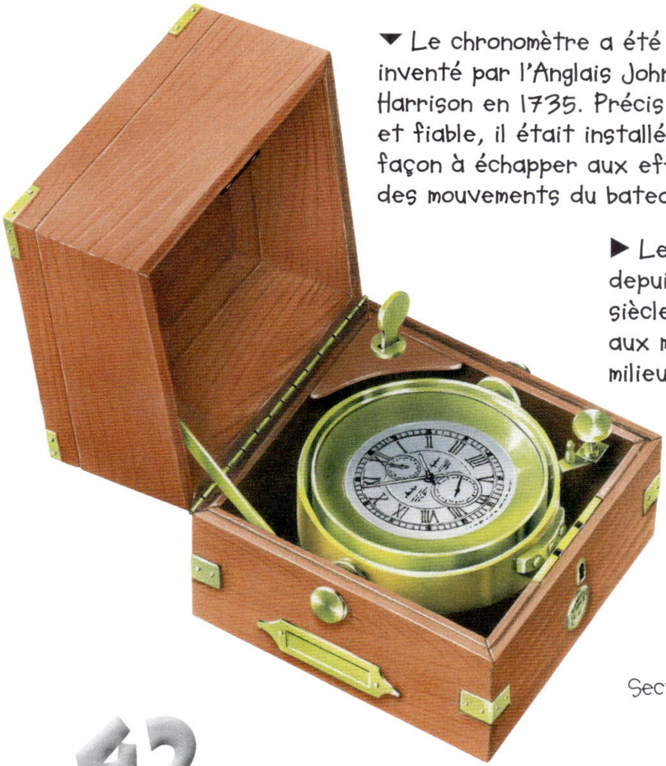

▼ Le chronomètre a été inventé par l'Anglais John Harrison en 1735. Précis et fiable, il était installé de façon à échapper aux effets des mouvements du bateau.

► Le sextant, utilisé depuis le milieu du XVIIIe siècle, a été indispensable aux marins jusqu'au milieu du XXe siècle.

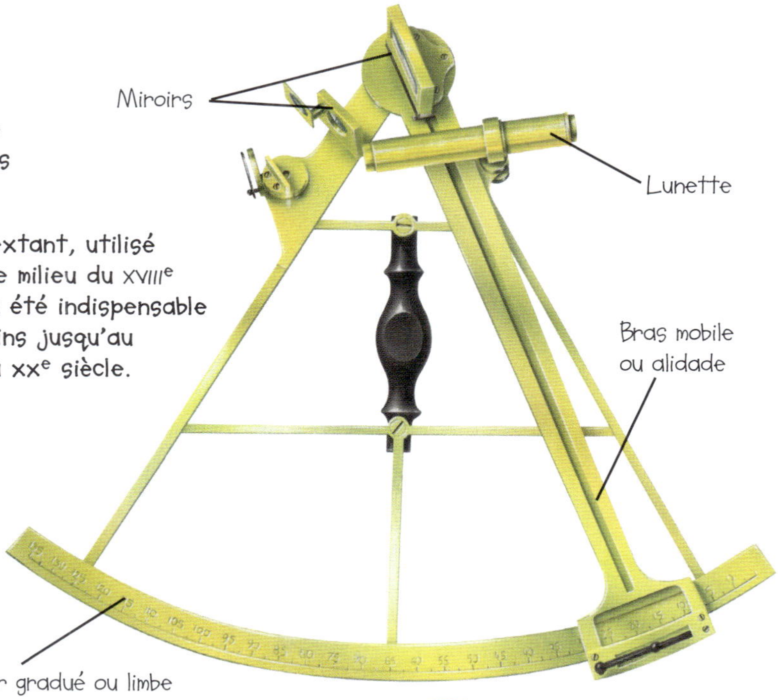

42

Les marins du XVIIIe siècle connaissaient leur position sur l'océan grâce au sextant inventé en 1731. Le sextant mesure la hauteur du soleil au-dessus de l'horizon. Le chronomètre est une horloge de précision très fiable dont le fonctionnement n'est pas perturbé par les mouvements du navire.

Lire une boussole

En extérieur avec une boussole, essayez de repérer la direction du nord. Posez au sol une flèche de carton marquée « N » dans cette direction et apprenez où se trouvent le Sud, l'Est et l'Ouest.

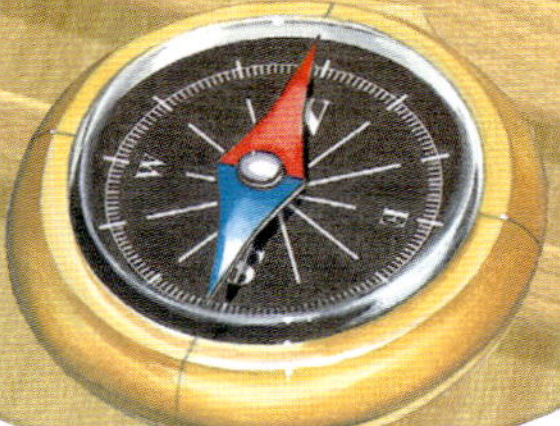

43

De nouveaux systèmes de localisation indiquent instantanément l'endroit exact où l'on se trouve. Un appareil appelé récepteur GPS, qui reçoit des signaux en provenance de satellites en orbite autour de la Terre, peut vous donner votre position à quelques mètres près.

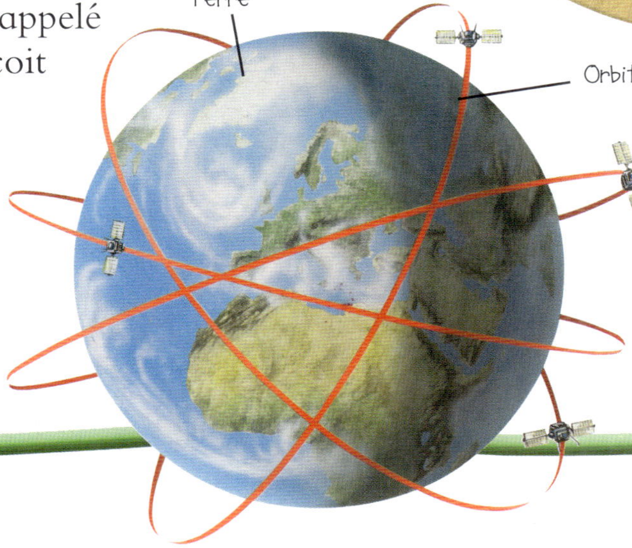

◄ Les instruments de navigation modernes reçoivent des signaux émis par satellites pour déterminer la position exacte du bateau.

Les armes de guerre

44 Les Romains inventèrent des machines pour lancer de lourdes pierres. Au Moyen Âge, les armées, les utilisaient encore pour attaquer les villes et les châteaux assiégés. La baliste envoyait des pierres ou des javelots, le trébuchet des rochers ou des matières combustibles.

SAVEZ-VOUS QUE...
En 1453, le plus gros canon du monde pouvait tirer un boulet de 500 kg à 1 500 mètres. Il fut utilisé par le sultan turc Mehmet II pour prendre la ville de Constantinople.

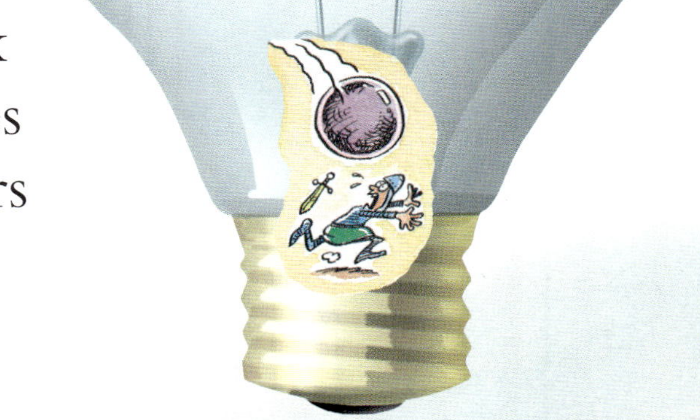

45 La poudre inflammable servit d'abord pour les feux d'artifice. Les Chinois inventèrent la poudre à canon il y a plus de 1 000 ans. En 1221, ils fabriquèrent des bombes explosives et inventèrent la première arme à feu, un canon, en 1228. Les canons et les mortiers furent utilisés lors des sièges en Europe à partir du XIVe siècle. Les premières armes à feu portatives apparurent au XVe siècle.

46 Le bélier pouvait abattre les épaisses murailles et les portes des villes. Les Égyptiens l'inventèrent vers 2000 avant notre ère pour détruire les murs de briques. Le bélier était un gros tronc d'arbre, souvent garni de fer, attaché à un support ou porté, que l'on balançait en cadence pour frapper la muraille.

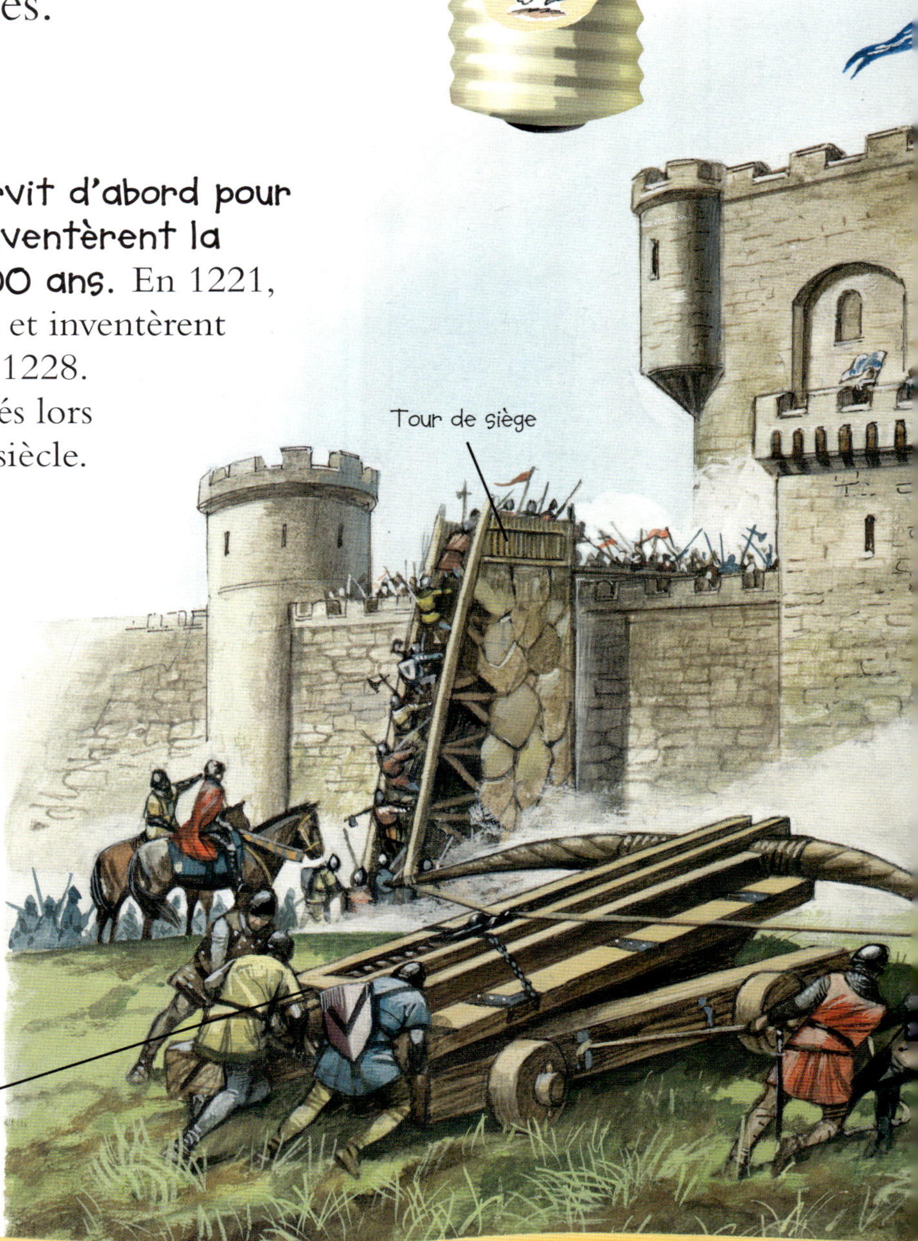

▶ Au Moyen Âge, le siège d'une ville ou d'un château bien protégé pouvait durer des mois.

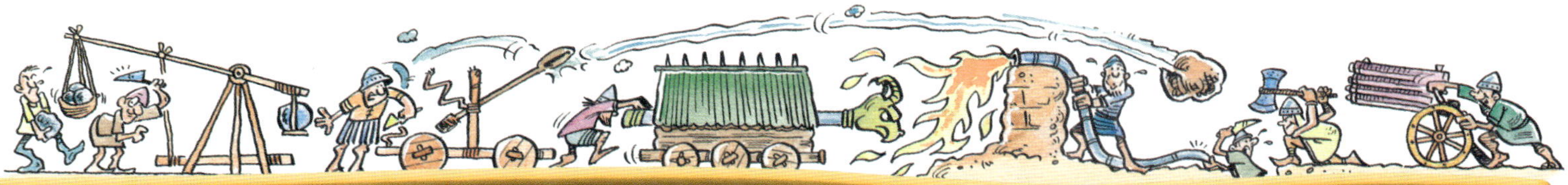

47 Le feu grégeois était une arme secrète capable de brûler dans l'eau.

Les Grecs l'utilisèrent au VIIe siècle pour attaquer les bateaux menaçant Byzance (Constantinople). Ce mélange de produits inflammables était lancé sur l'ennemi au moyen de tubes de cuivre. Il servait encore au Moyen Âge à repousser les assaillants.

48 La poudre à canon bourrée dans des trous de mine faisait exploser les remparts des châteaux.

Les assaillants creusaient des tunnels sous les murs. Puis, ils les faisaient sauter et les murailles s'effondraient.

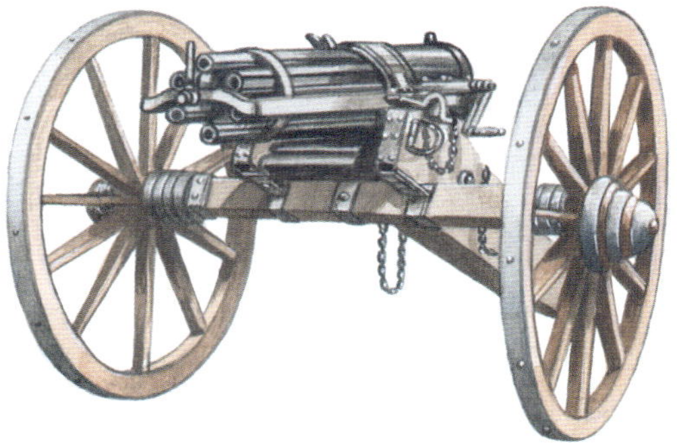

▶ La mitrailleuse Gatling pouvait tirer six balles par seconde.

49 Les mitrailleuses modernes peuvent tirer des milliers de coups par minute.

L'Américain Richard Gatling inventa la première mitrailleuse en 1862. Chaque munition est faite d'une balle et d'un étui contenant la poudre propulsive et muni d'une amorce.

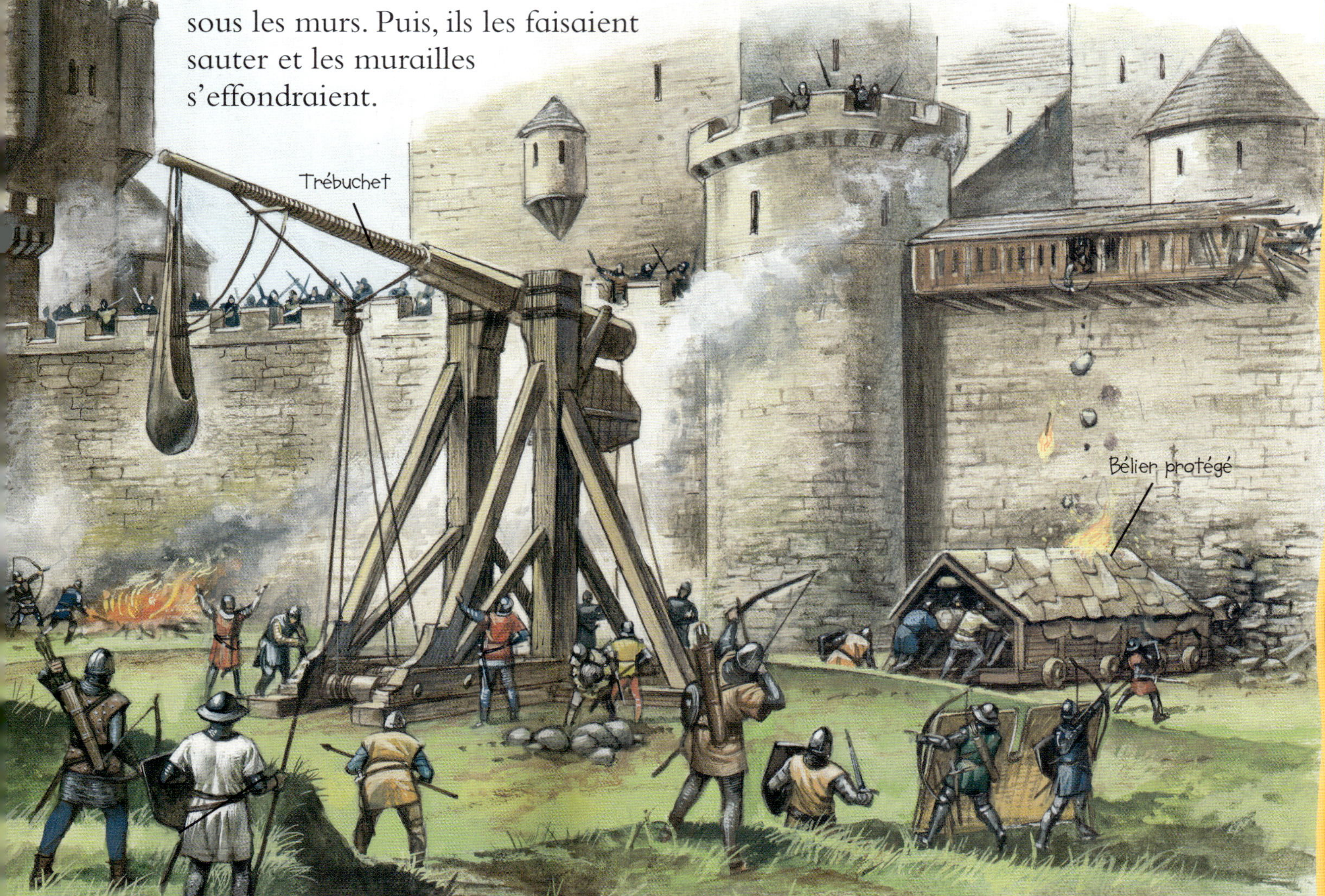

La mesure du temps

50 Les énormes pierres de Stonehenge servaient peut-être de calendrier. Le plus long jour de l'année, certains blocs sont alignés avec le soleil levant. Le site a été érigé et reconstruit en Angleterre entre 3000 et 1500 avant notre ère.

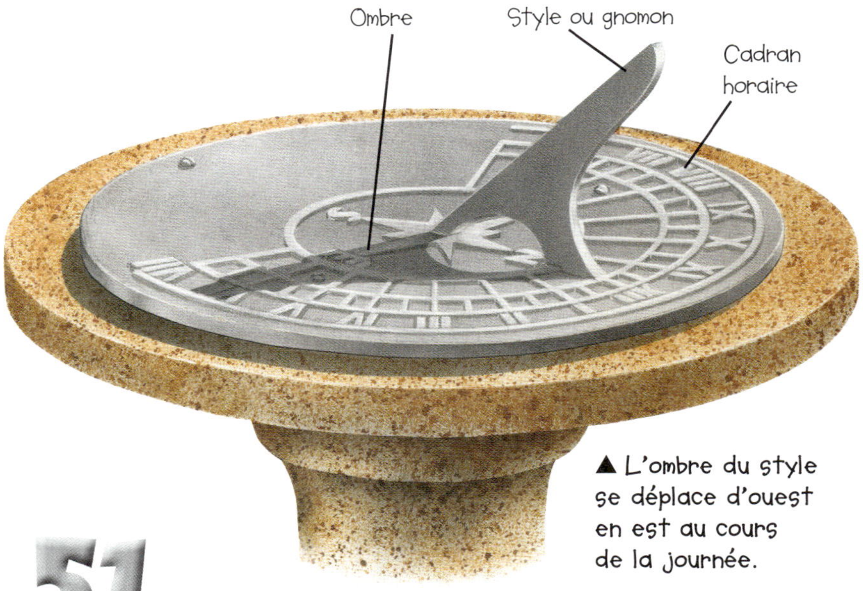

▲ L'ombre du style se déplace d'ouest en est au cours de la journée.

51 Une des premières horloges fut un simple bâton planté dans le sol. Inventée en Égypte il y a 4 000 ans, cette méthode était fondée sur la longueur de l'ombre projetée sur le sol. Les cadrans solaires modernes sont faits d'une table gravée et d'un style dont l'ombre donne l'heure.

▼ Pour ériger les principales et gigantesques pierres de Stonehenge, de nombreux hommes furent nécessaires, ainsi que le savoir-faire et la compétence d'ingénieurs de l'âge de bronze.

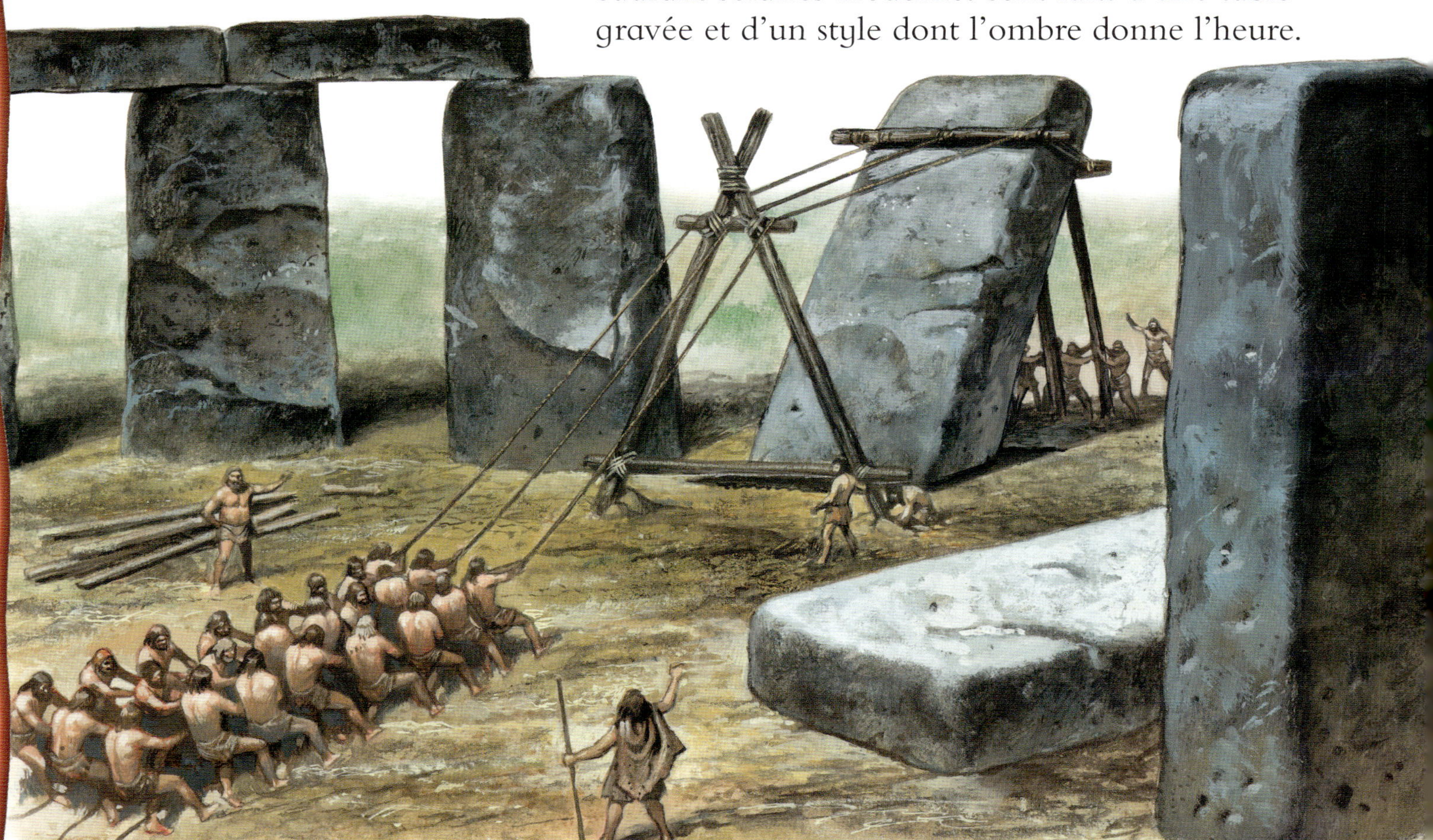

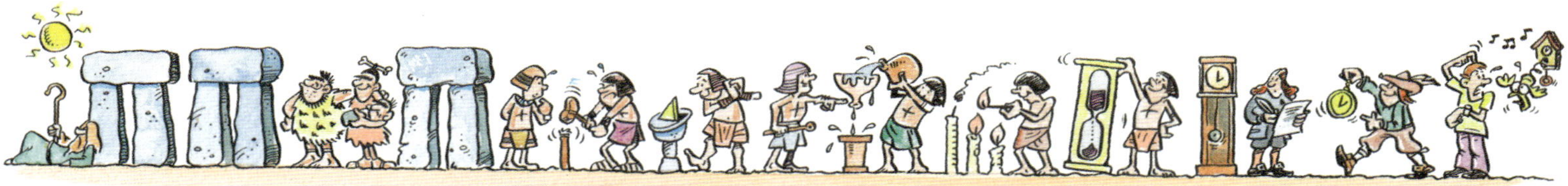

52 La durée peut être mesurée par la combustion d'une bougie et l'écoulement de l'eau ou du sable.

Vers 1400 av. J.-C., les Égyptiens inventèrent une horloge à eau. Les chandelles portaient des cercles de repère. Dans le sablier, apparu vers l'an 1300 apr. J.-C. le sable coulait d'une ampoule dans une autre.

▶ Une horloge à bougie (ci-dessous) et un sablier mesurent le temps passé, mais ne donnent pas l'heure.

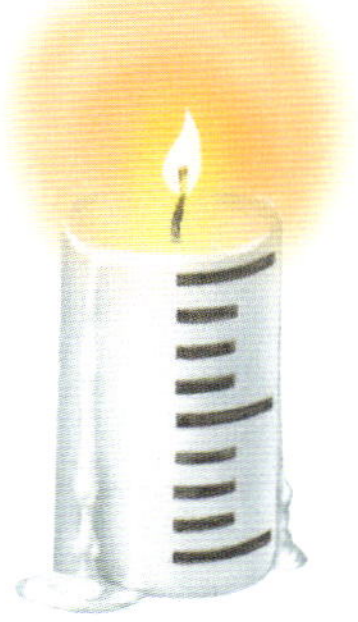

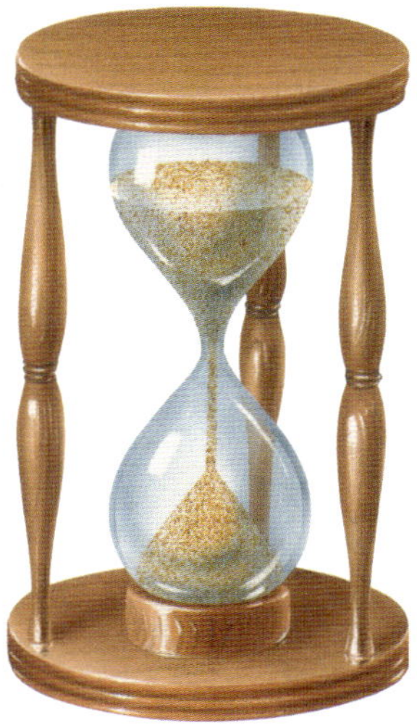

▼ Jusqu'à l'invention de la montre à quartz, les montres fonctionnaient avec des ressorts et des roues dentées.

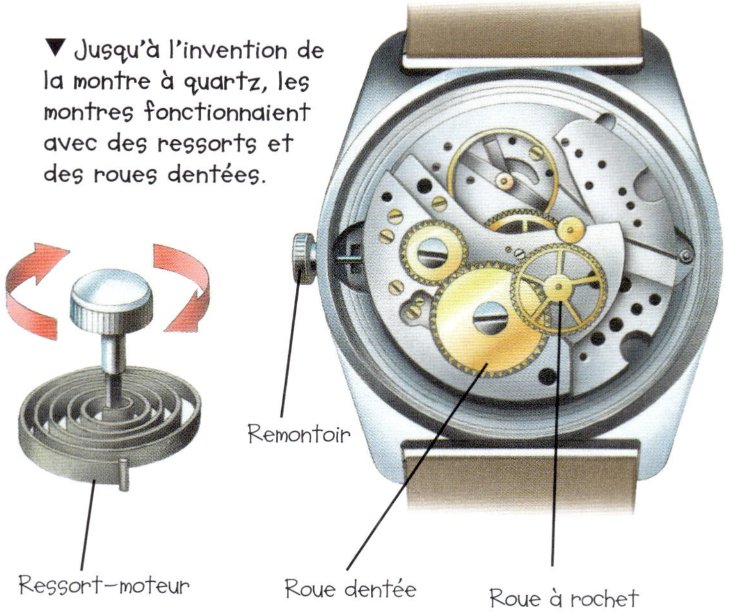

53 Dans une montre à quartz moderne, on ne voit aucune pièce mobile.

Les anciennes horloges fonctionnaient sur le principe d'un mouvement régulier entretenu. Le savant hollandais Christiaan Huygens inventa en 1656 une horloge à pendule ou à balancier. Vers la même époque, on inventa le mouvement à ressort spirale. Les montres à quartz (apparues en 1929) fonctionnent grâce à des vibrations.

Une horloge solaire

Plantez une baguette de 60 cm de long dans un sol bien plat. Mesurez avec un bâtonnet la longueur de l'ombre de 9 h du matin à 4 h de l'après-midi. À quelle heure cette ombre est-elle la plus courte ?

Réponse : à midi.

▶ Les montres-bracelets apparurent à la fin du XVIIIe siècle. Les montres modernes à quartz ont souvent un cadran à cristaux liquides qui affiche l'heure en chiffres.

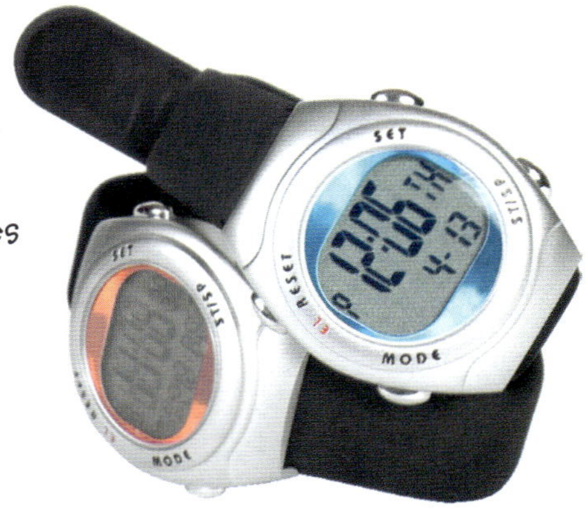

54 Il existe des horloges qui ressemblent à des jouets automates.

Le coucou suisse comporte un oiseau mécanique à ressort qui sort pour chanter les heures.

Les énergies naturelles

55 La première invention utilisant la force du vent concerne les bateaux à voile. Créés vers 3500 avant notre ère par les Égyptiens et les Sumériens, les bateaux avaient une seule voile carrée. Vers 600 apr. J.-C., les moulins à vent servant à moudre les grains existaient déjà dans les pays arabes. En Europe, à partir de 1100 apr. J.-C., ils pouvaient pivoter pour faire face au vent.

56 Les premières roues hydrauliques étaient horizontales et non pas verticales. Utilisées vers 100 avant notre ère dans les Balkans, elles ne fonctionnaient bien qu'avec de très forts courants. Un siècle plus tard, les Romains fabriquèrent des roues à aubes verticales et des engrenages pour ralentir le mouvement.

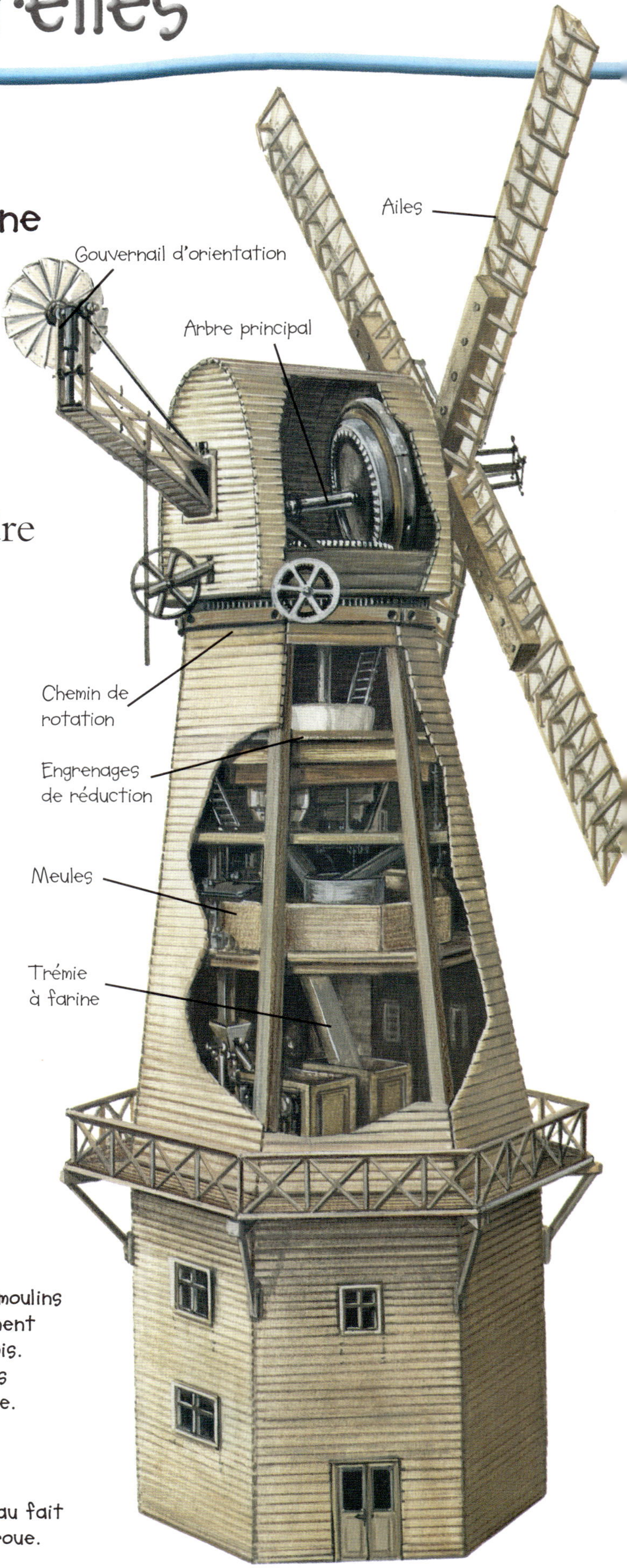

▶ De nombreux moulins étaient entièrement construits en bois. Seules les meules étaient en pierre.

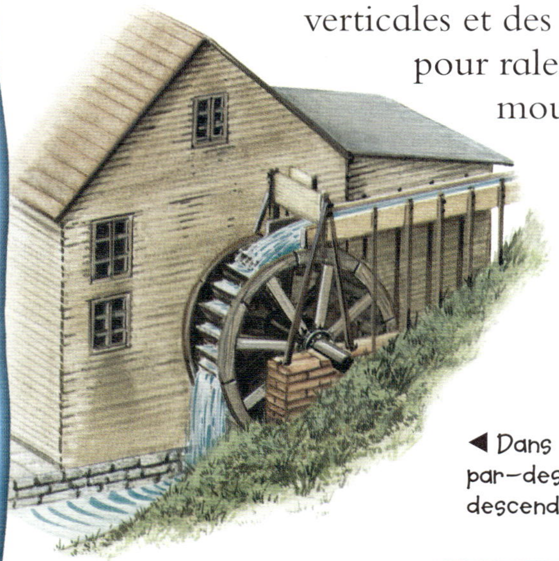

◀ Dans un moulin à roue par-dessous, le poids de l'eau fait descendre les augets de la roue.

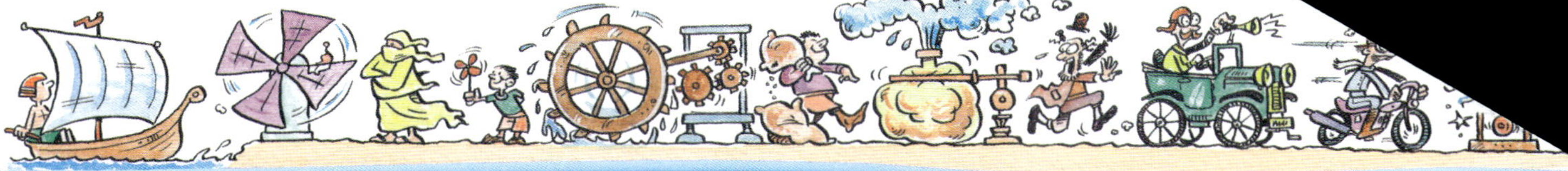

57 Les premières machines à vapeur pouvaient exploser facilement.

La pompe à vapeur inventée par l'Anglais Thomas Savery en 1698 consommait beaucoup de combustible. Richard Trevithick créa en 1804 une locomotive à vapeur capable de rouler sur des rails.

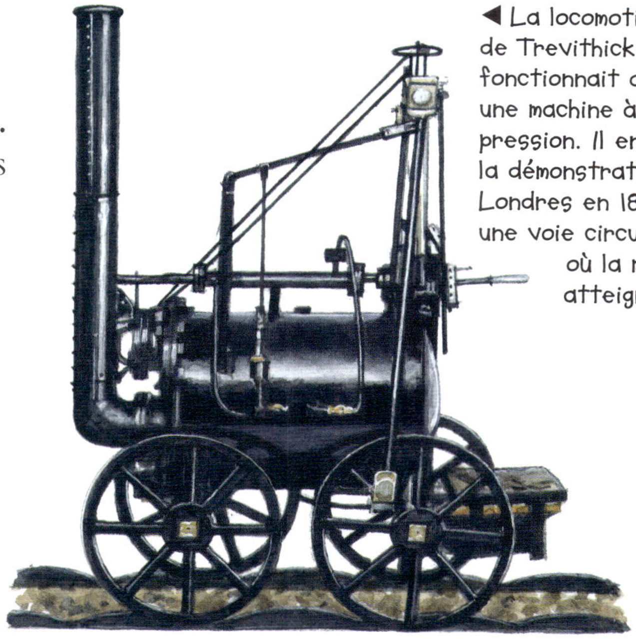

◀ La locomotive de Trevithick fonctionnait avec une machine à haute pression. Il en fit la démonstration à Londres en 1808 sur une voie circulaire où la machine atteignait 16 km/h.

58 Des aimants mis en rotation peuvent générer du courant électrique.

Michael Faraday et d'autres savants inventèrent les premiers générateurs d'électricité dans les années 1830. Aujourd'hui, d'énormes barrages transforment en électricité la force contenue dans l'eau grâce à des génératrices à turbines.

59 Plus on monte, plus le vent est puissant.

De grandes éoliennes modernes s'élèvent à plus de 50 mètres (20 étages), l'envergure de leurs hélices pouvant atteindre plusieurs dizaines de mètres. Elles produisent assez d'électricité pour alimenter plus de 1 400 maisons.

SAVEZ-VOUS QUE...

La plus ancienne machine à vapeur ne servit à rien. 300 ans avant notre ère, un ingénieur grec inventa une machine à vapeur capable de faire tourner une bille de métal. Mais personne ne sut qu'en faire.

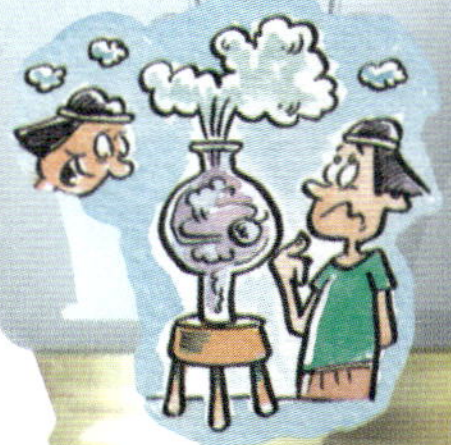

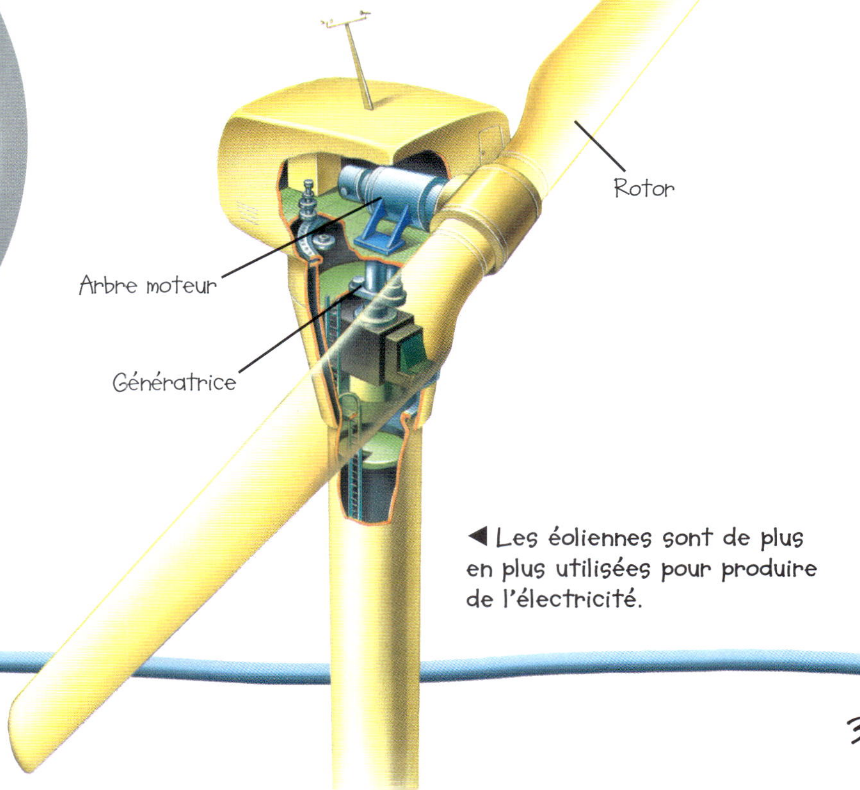

◀ Les éoliennes sont de plus en plus utilisées pour produire de l'électricité.

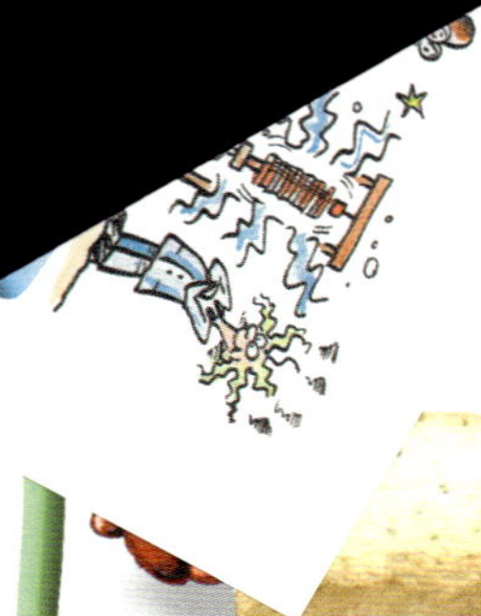

60 Le premier système d'écriture était à base d'images simples ou pictogrammes.

60 Le premier système d'écriture était à base d'images simples ou pictogrammes. L'écriture a été inventée par les Sumériens il y a environ 5 500 ans. Ils gravaient des signes en forme de coin (écriture cunéiforme) sur des tablettes d'argile crue avec un roseau taillé en biseau. Les signes imagés de l'Égypte antique sont les hiéroglyphes qui datent d'environ 5 000 ans.

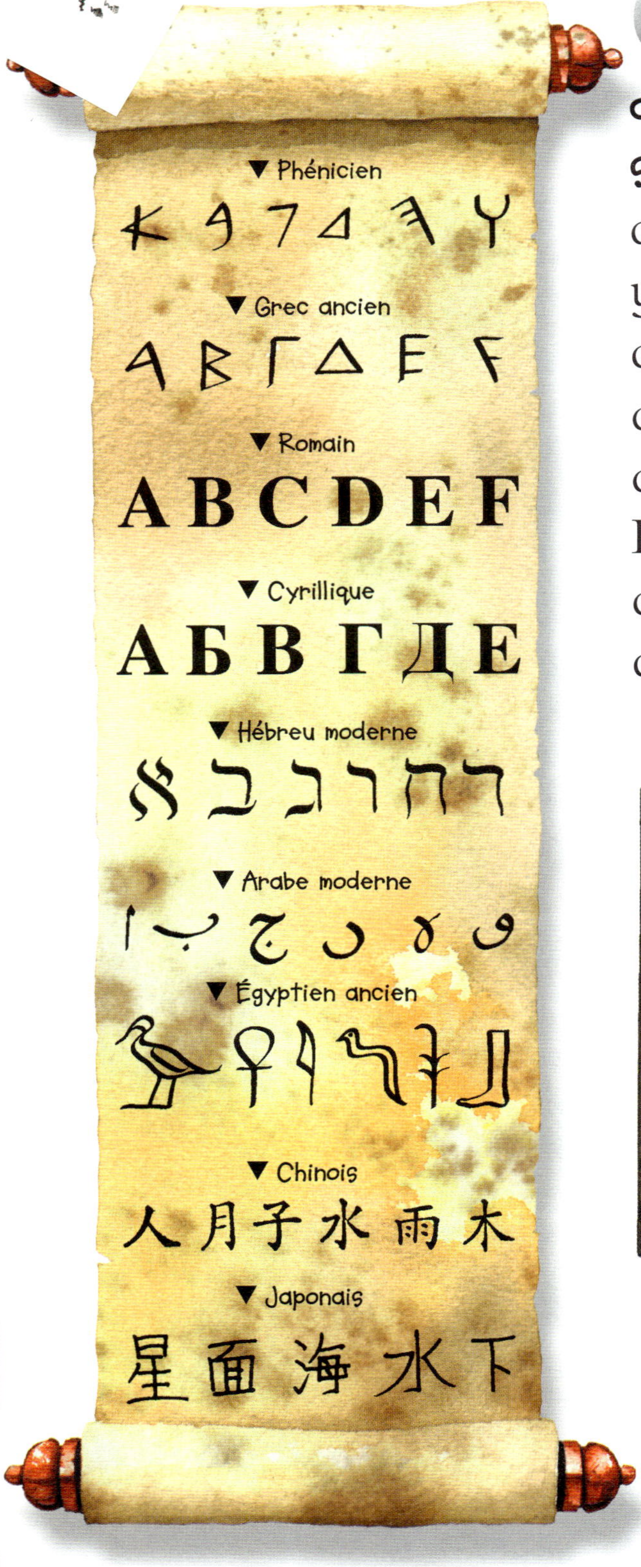

▲ Les anciennes écritures pictographiques utilisaient des centaines de signes différents. Les alphabets modernes comportent beaucoup moins de lettres.

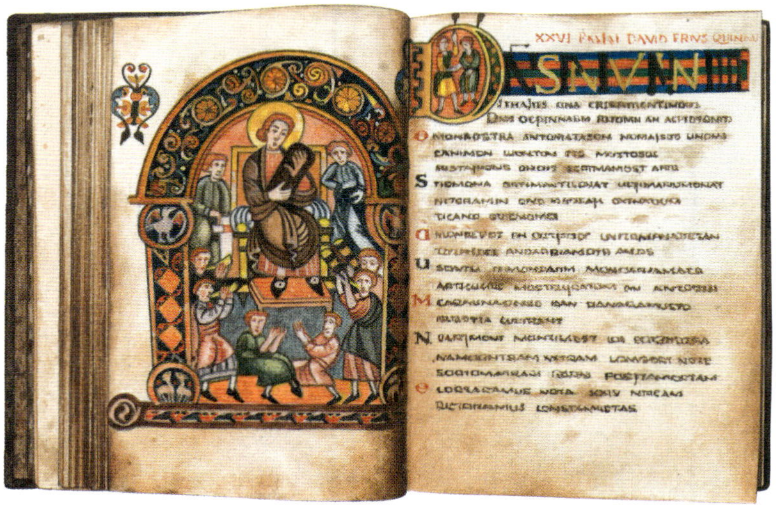

▲ Les anciens ouvrages religieux recopiés à la main par les moines étaient parfois magnifiquement illustrés.

61 Le premier « livre » fut fabriqué en Égypte avec des fibres de roseaux entre 1500 et 1350 avant notre ère.

Il était intitulé « Le Livre des morts ». Les moines chrétiens recopiaient les livres saints sur de fines peaux d'animaux séchées, appelées parchemins.

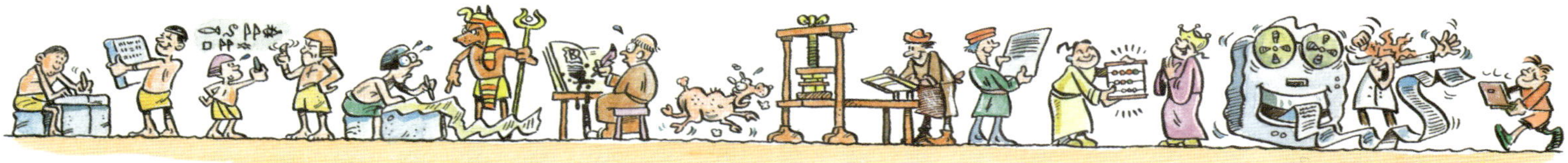

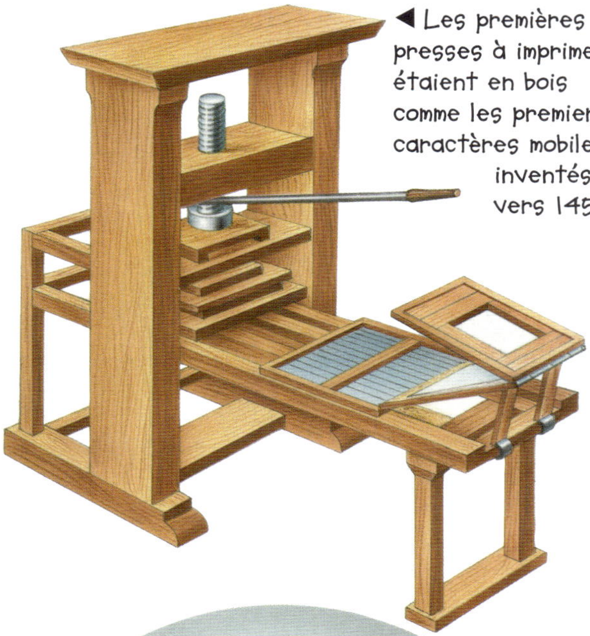

◀ Les premières presses à imprimer étaient en bois comme les premiers caractères mobiles inventés vers 1450.

62 L'invention de l'imprimerie développa énormément la pratique de la lecture.

L'Allemand Johannes Gutenberg réalisa la première presse à imprimer avec des caractères mobiles au milieu du XVe siècle. Cinquante ans plus tard, on trouvait des presses à imprimer dans toute l'Europe.

63 Autrefois, les gens savaient compter très vite sur leurs doigts.

Les marchands du Moyen-Orient commencèrent à pratiquer l'écriture des nombres vers 3100 avant notre ère. Vers 300 apr. J.-C., les Chinois inventèrent une machine à calculer, appelée boulier. On l'utilise toujours.

SAVEZ-VOUS QUE...

Une écriture grecque ancienne fut comparée au trajet des bœufs tirant une charrue dans un champ : on écrivait une ligne de droite à gauche, puis la suivante de gauche à droite.

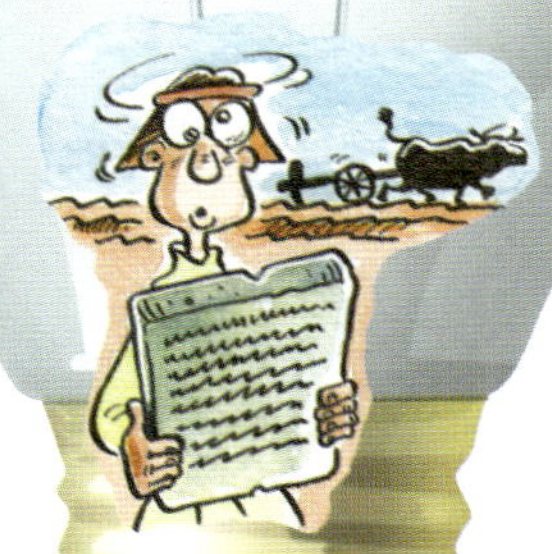

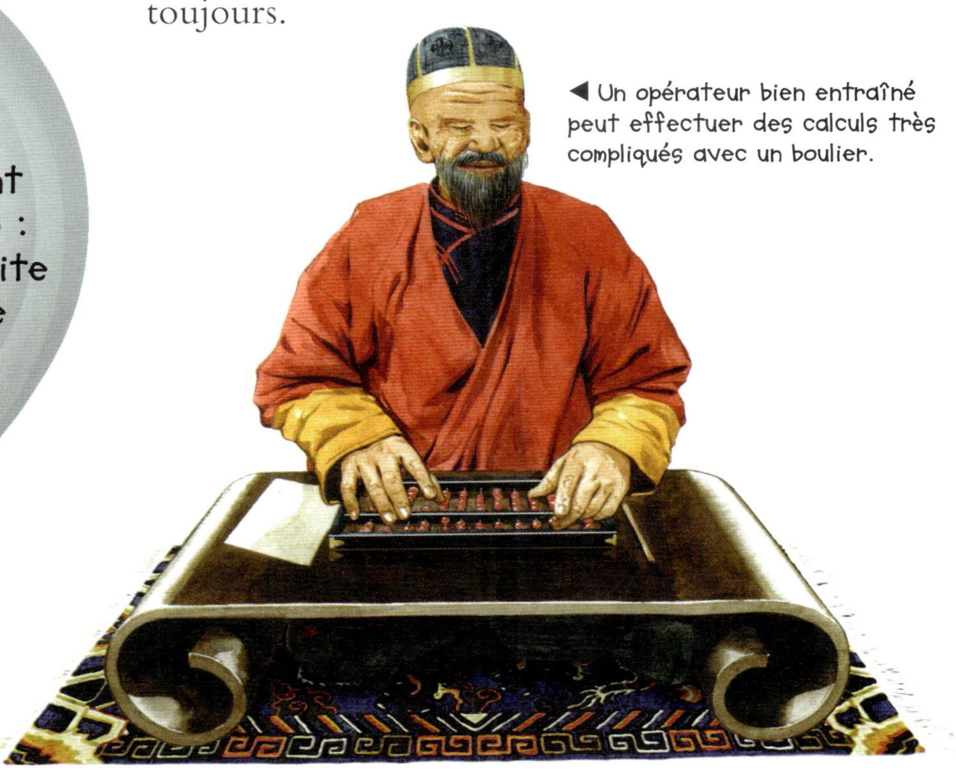

◀ Un opérateur bien entraîné peut effectuer des calculs très compliqués avec un boulier.

64 Les ordinateurs effectuent des calculs à la vitesse de la lumière.

Les premiers ordinateurs modernes apparurent aux États-Unis et en Europe dans les années 1930 et 1940. Aujourd'hui, les ordinateurs peuvent garder en mémoire le contenu de bibliothèques entières. L'Internet permet le partage universel de l'information et l'envoi instantané de messages partout dans le monde.

Mieux voir pour savoir

65 Des morceaux de verre bombés ou lentilles permettent de grossir l'image perçue par l'œil. Au XIVe siècle, en Italie, les fabricants de lunettes produisaient leurs propres lentilles qui facilitaient la lecture des petits caractères. Des savants utilisèrent ensuite ces lentilles pour inventer le microscope, puis la lunette astronomique.

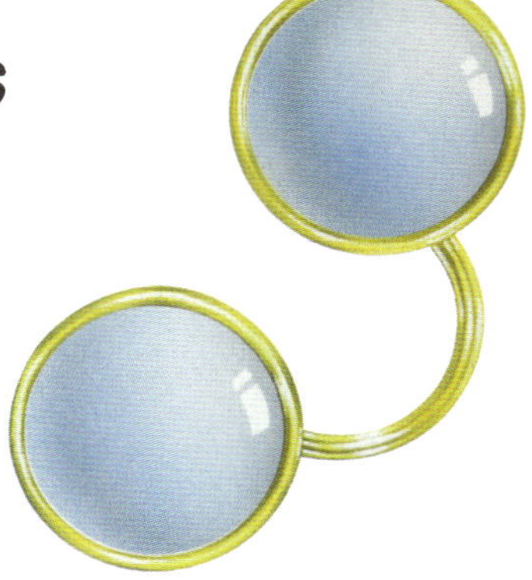

▲ Les lunettes devinrent indispensables avec le développement de la lecture.

66 Grâce au microscope, les scientifiques purent voir les minuscules bactéries. Les Hollandais inventèrent les premiers microscopes à une seule lentille. Dans les années 1590, en Hollande, Zacharias Jansen inventa le premier microscope à deux lentilles qui grossissait beaucoup plus l'image.

67 Les Hollandais essayèrent de garder secrète la première lunette astronomique ou longue-vue. Hans Lippershey l'inventa en 1608, mais cela se sut très vite. Un savant italien, Galilée, en fabriqua une dès 1609 pour observer les corps célestes.

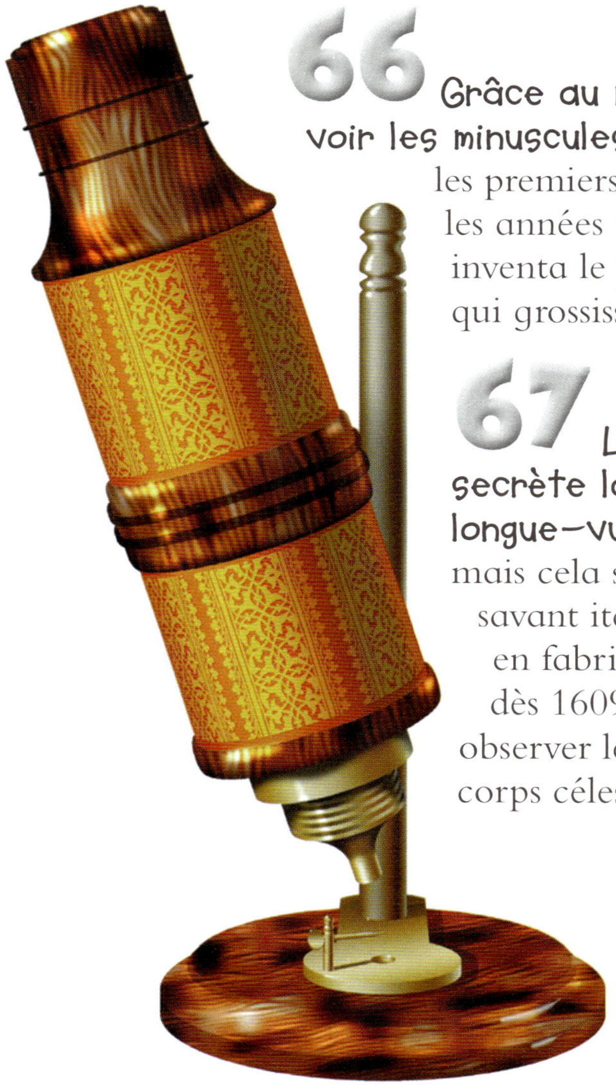

▲ Les premiers microscopes avec deux ou plusieurs lentilles comme celui de l'inventeur anglais Robert Hooke (1635-1703) étaient puissants, mais l'image n'était pas nette.

QUESTIONS

1 Les lentilles sont-elles (a) en verre, ou (b) en acier ?
2 Qu'a-t-on fait en premier (a) la longue-vue, ou (b) les lunettes de vue ?
3 On observe les étoiles avec (a) un microscope, ou (b) une lunette astronomique ?
4 Qui est le plus petit (a) la bactérie, ou (b) la fourmi ?
5 La Lune est-elle (a) plus proche que les planètes, ou (b) plus loin ?

Réponses
1a 2b 3b 4a 5a

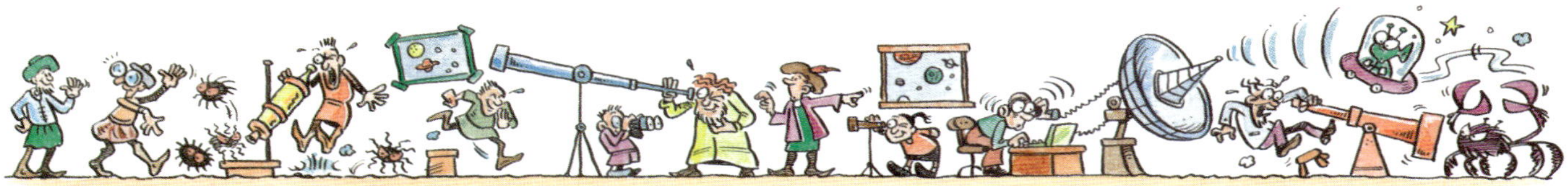

68 On ne peut rien voir avec un radiotélescope.

68 On ne peut rien voir avec un radiotélescope. Un Américain, Grote Reber, inventa le premier radiotélescope en 1937. Les radiotélescopes captent les signaux radio en provenance de l'espace avec une antenne parabolique. Ces signaux sont émis par des étoiles lointaines et par les sondes spatiales.

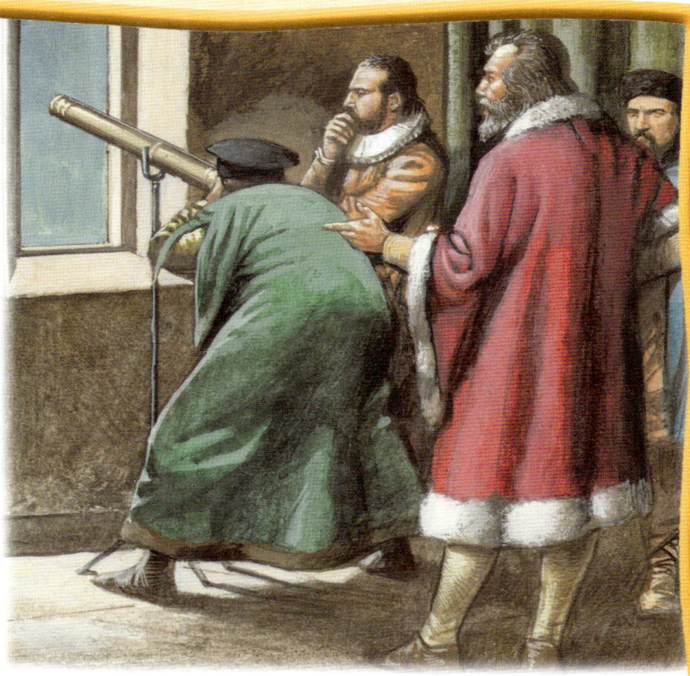

▲ Les lunettes astronomiques révélèrent que l'idée selon laquelle l'univers tournait autour de la Terre était fausse.

▼ Un microscope électronique peut grossir un moustique jusqu'à une taille monstrueuse et révéler des créatures minuscules invisibles à l'œil nu.

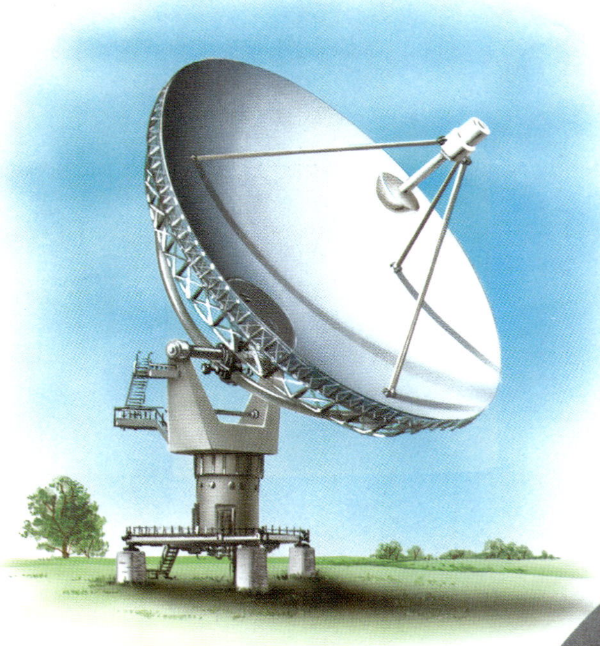

▲ Les antennes paraboliques des radiotélescopes peuvent être orientées dans toutes les directions.

69 Les microscopes modernes grossissent les objets des milliers de fois. L'Allemand Ernst Ruska inventa le microscope électronique en 1933. L'image apparaissait 12 000 fois plus grosse que l'objet réel. Les appareils plus récents grossissent des millions de fois.

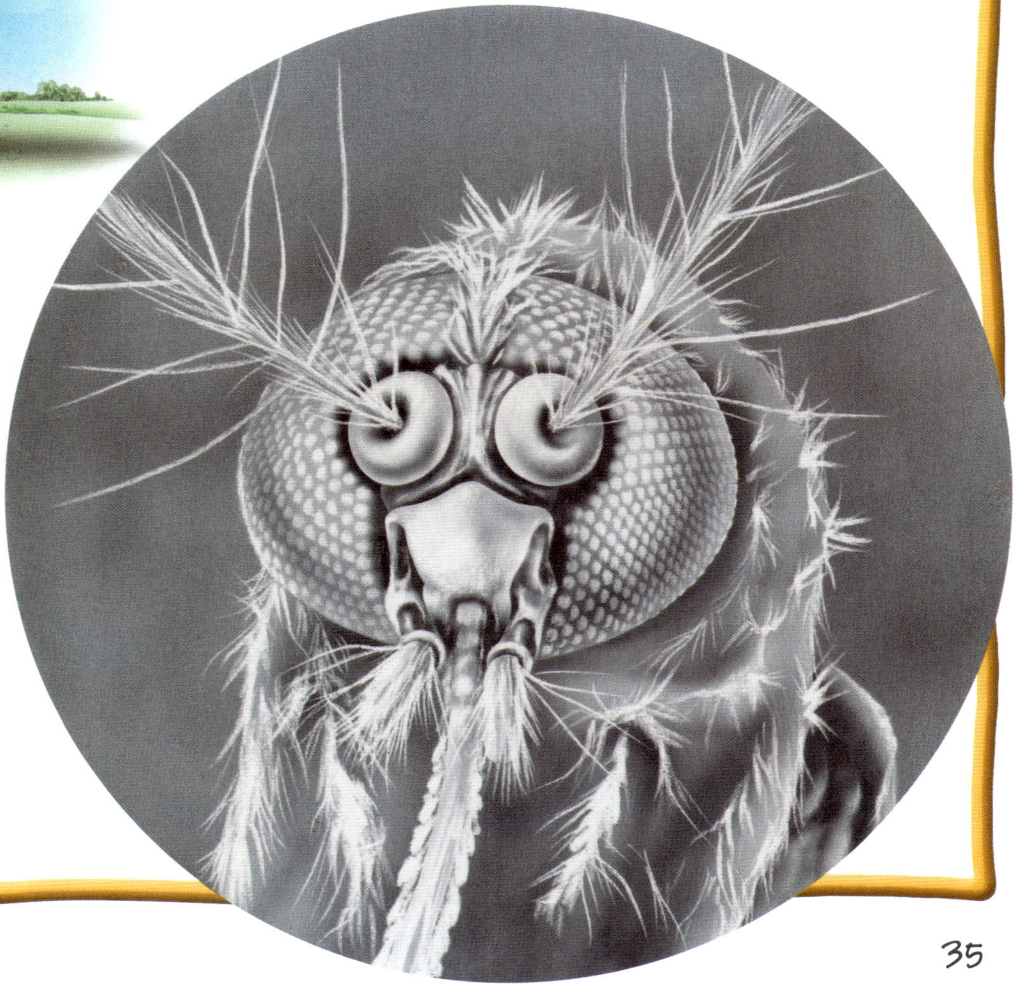

La conquête

70 Les êtres humains sont les seuls animaux capables de produire des sons avec des instruments de musique. Les peuples de l'âge de pierre inventèrent les crécelles et d'autres émetteurs de bruits à partir des os et des défenses de mammouth. Les instruments frappés ou grattés sont dits à percussion.

71 Il y a plus de 20 000 ans, les Européens de l'âge de pierre inventèrent des sifflets et des flûtes. Les flûtes modernes dans lesquelles on souffle fonctionnent sur le même principe.

72 Parmi les harpes les plus anciennes, certaines étaient faites avec des carapaces de tortue. Les premières harpes apparurent en Mésopotamie et en Égypte il y a environ 5 000 ans.

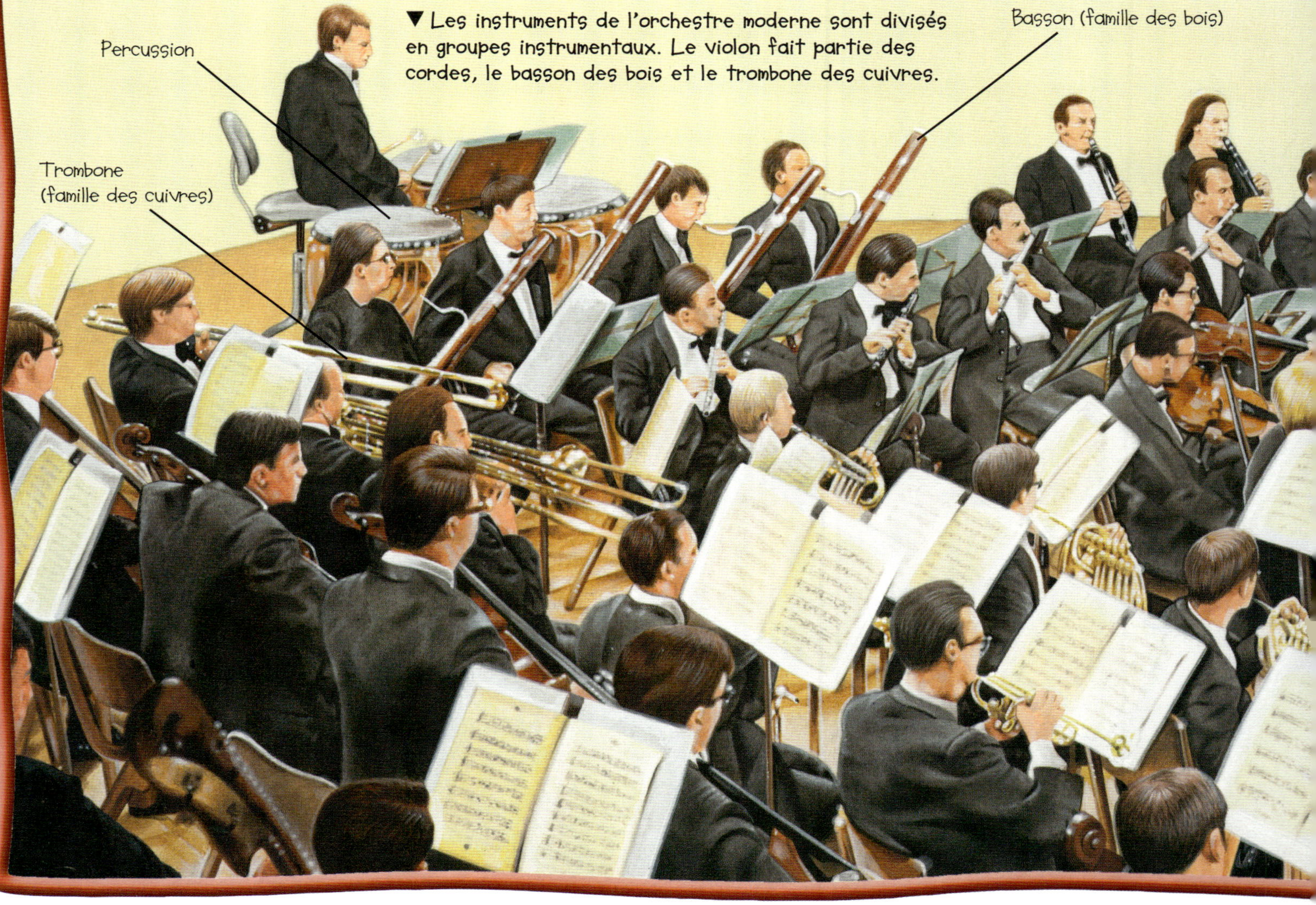

▼ Les instruments de l'orchestre moderne sont divisés en groupes instrumentaux. Le violon fait partie des cordes, le basson des bois et le trombone des cuivres.

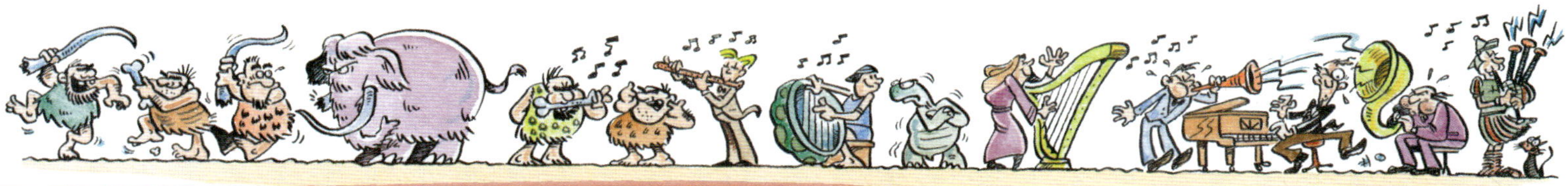

73 Le piano possède de petits marteaux rembourrés qui frappent des cordes métalliques.

Le premier instrument comparable au piano apparut vers 1480. Quand on tapait sur les touches, ses cordes étaient pincées et non pas frappées.

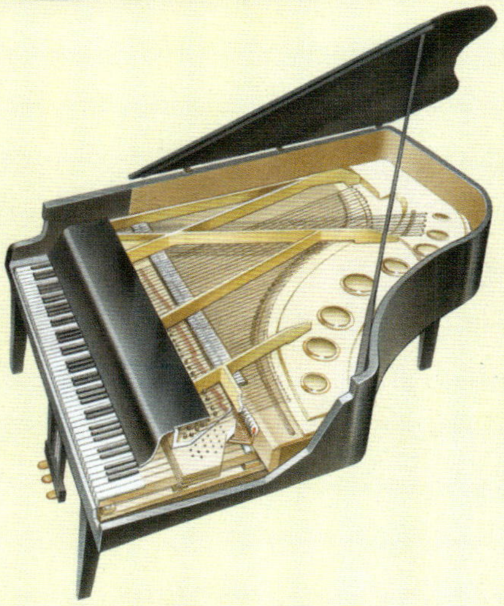

▶ Les cordes d'un piano à queue sont tendues horizontalement dans un cadre en forme de harpe.

74 La trompette est un des instruments les plus puissants de l'orchestre.

On a trouvé en Égypte dans le tombeau de Toutankhamon une trompette datant de 1320 av. J.-C. Il y a 2 000 ans, les guerriers celtes en Europe du Nord soufflaient dans des trompettes en bronze en forme de défense de mammouth.

75 Les cornemuses, apparurent en Inde il y a plus de 2 000 ans.

Les armées romaines avaient des joueurs de cornemuse. Au Moyen Âge, en Europe et au Moyen-Orient, les bergers jouaient de la cornemuse en gardant leur troupeau.

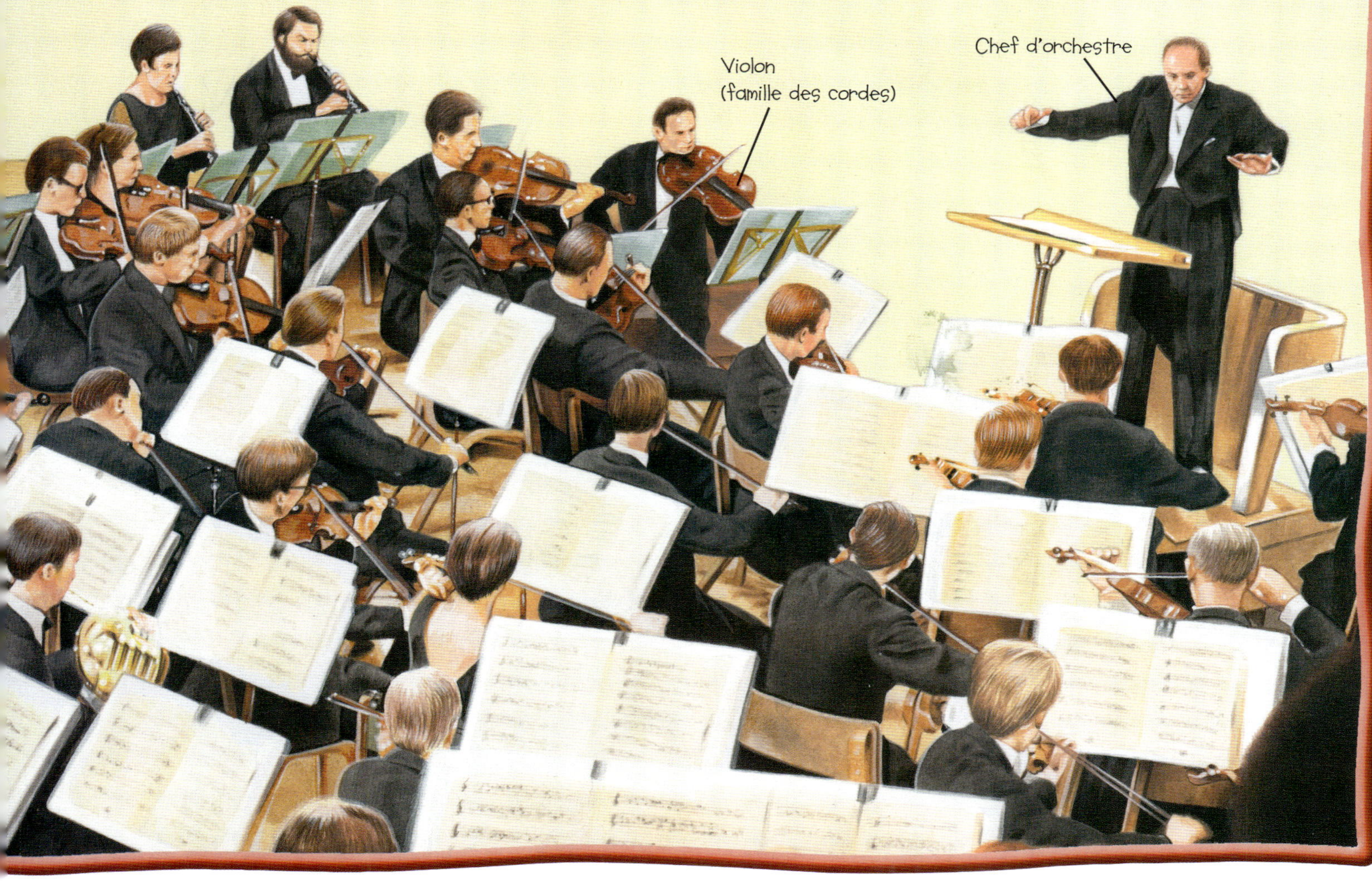

Les moyens de communication

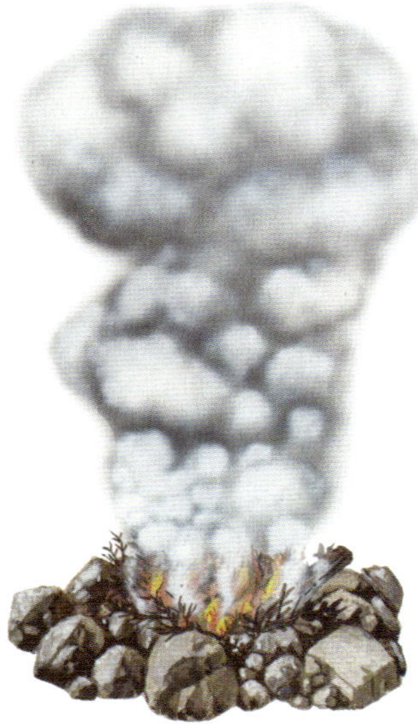

76 Les tribus africaines utilisaient des instruments à percussion pour transmettre des messages. Les Indiens d'Amérique pratiquaient les signaux de fumée. Avant l'apparition du téléphone, l'envoi de messages imposait l'utilisation d'un système simple.

◀ L'épaisse fumée d'un feu peut être interrompue ou rétablie pour former des signaux par interposition d'une simple couverture.

▼ Chaque position des bras du transmetteur correspond à une lettre. Quel est le mot transmis ?

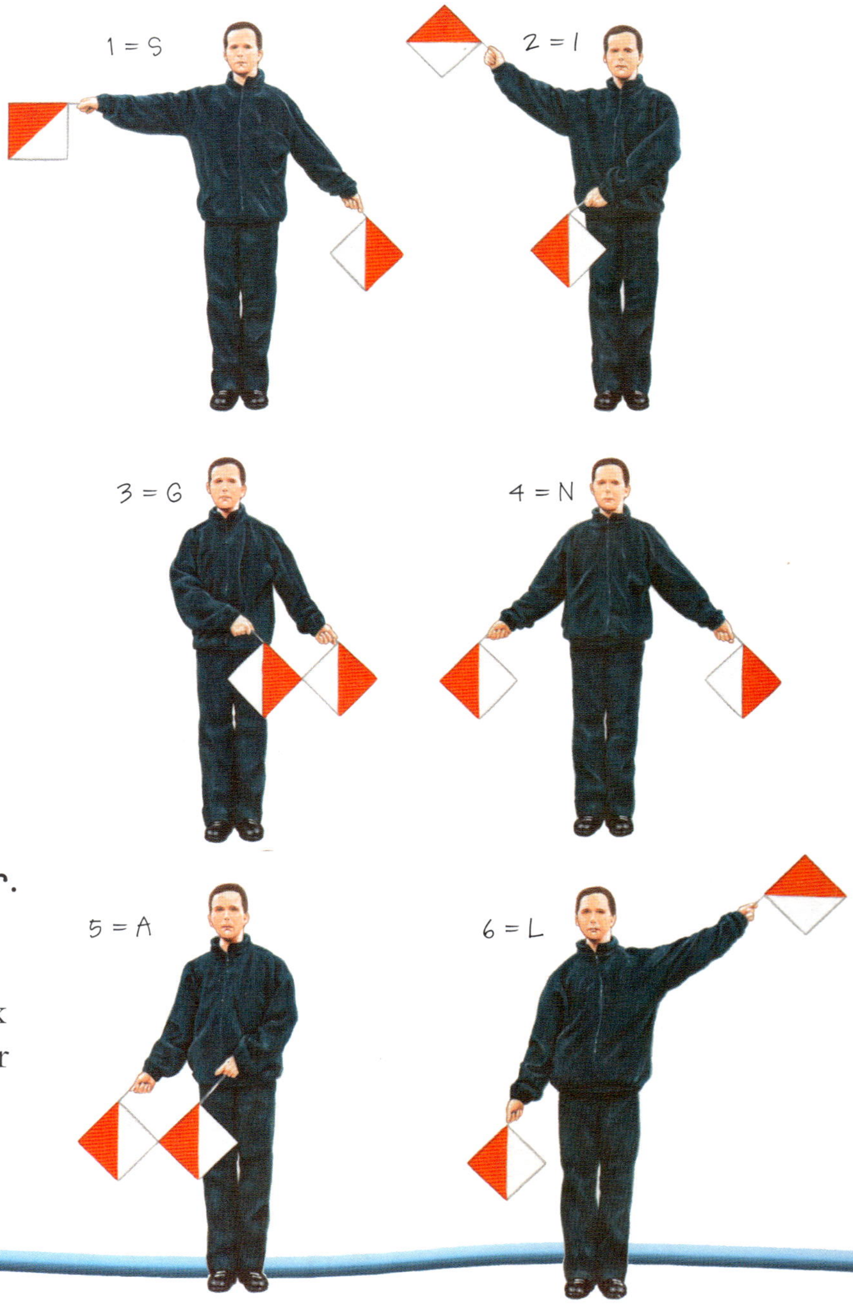

77 À la fin du XVIIIe siècle, en France, des bras en bois, installés sur des points élevés, permettaient d'envoyer des messages à des centaines de kilomètres. Claude Chappe, installa ses premiers sémaphores en 1794. Jusqu'à une date récente, les marines de guerre utilisaient des pavillons pour communiquer. En 1838, l'Américain Samuel Morse inventa un code sur la base d'impulsions électriques ou lumineuses.

78 Le téléphone peut envoyer la voix humaine dans le monde entier. L'Écossais Alexander Graham Bell l'inventa dans les années 1870. Quand on parle, la voix transformée en signaux électriques est envoyée vers un récepteur qui les retransforme en sons. En quinze ans, 140 000 téléphones furent installés aux États-Unis à l'époque.

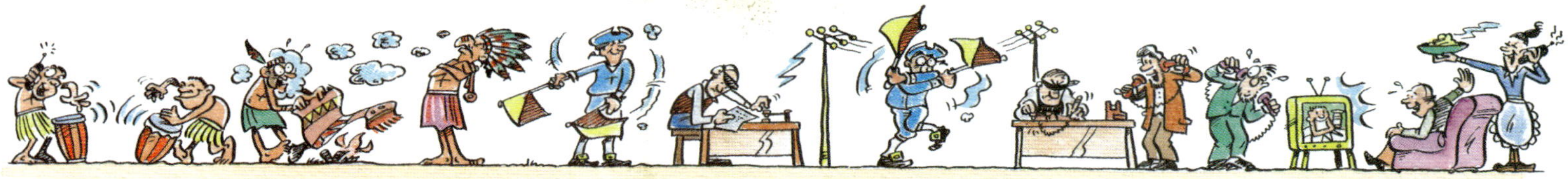

79 Les signaux émis par radio se propagent dans l'air sans fil.

L'Italien Guglielmo Marconi créa la radio ou télégraphie sans fil en 1899. Les stations de radio émettent des signaux sous forme d'ondes que captent des antennes. L'Écossais John Logie Baird inventa en 1926 un des premiers systèmes de télévision. Les images de télévision sont transmises par ondes ou par fil.

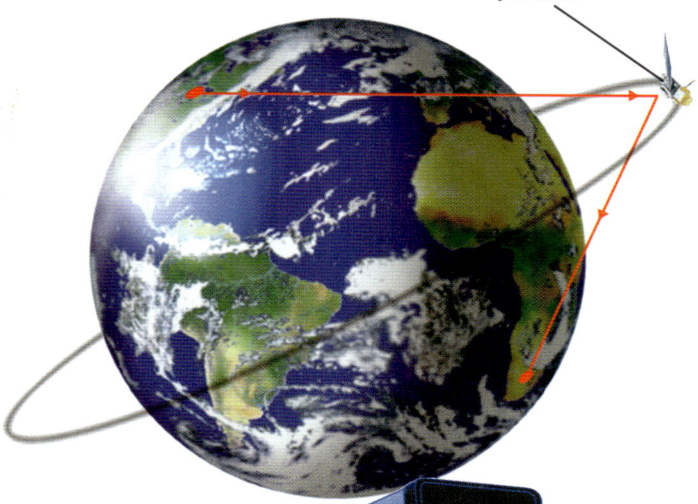

Studio de télévision

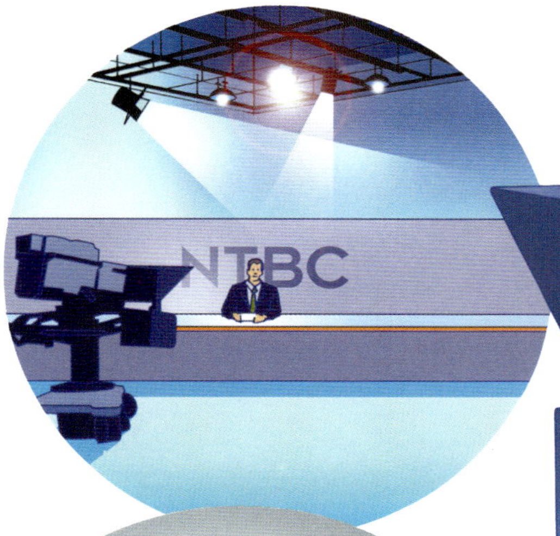

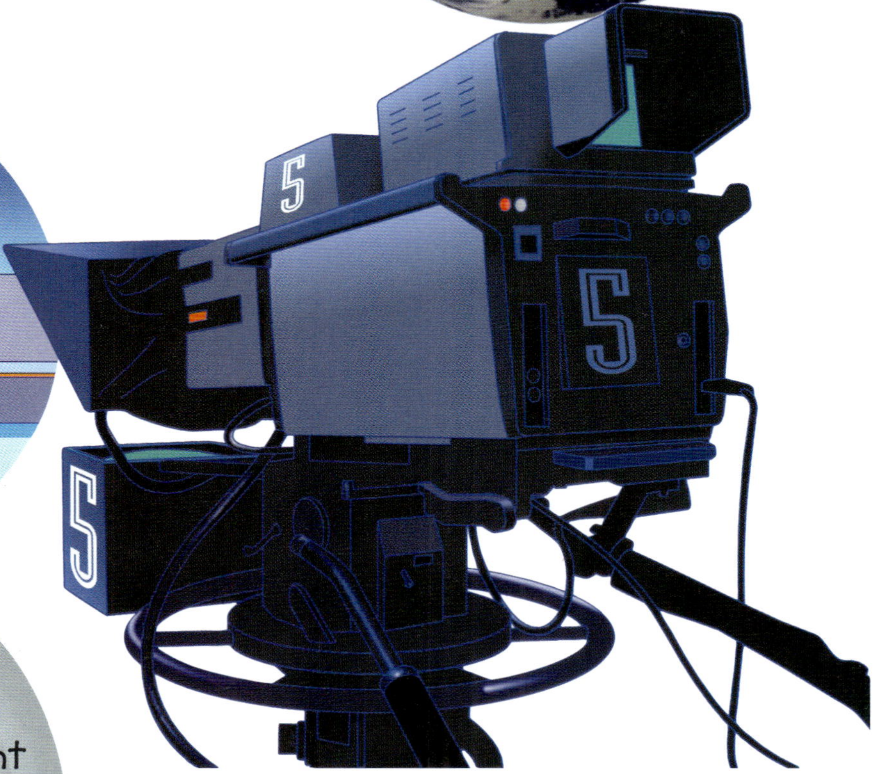

Caméra de télévision

▲ Les images de télévision peuvent être dirigées vers un satellite placé en orbite dans l'espace qui les renvoie vers une autre région de la Terre.

SAVEZ-VOUS QUE...

Les premières personnes vues à la télévision devaient être maquillées comme des clowns. Les images étaient si floues que les téléspectateurs n'auraient pas pu distinguer leur visage.

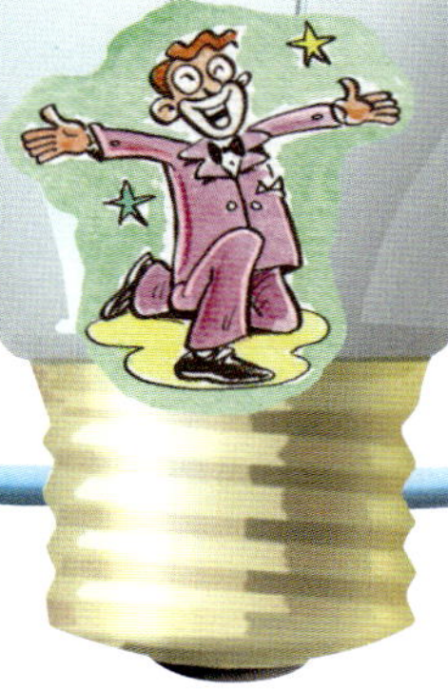

80 Avec un téléphone mobile, on peut communiquer presque partout dans le monde.

La voix, transmise sous forme d'ondes radio très courtes ou micro-ondes, est relayée d'une antenne à l'autre. Certaines ondes sont portées par des satellites.

La conquête du ciel

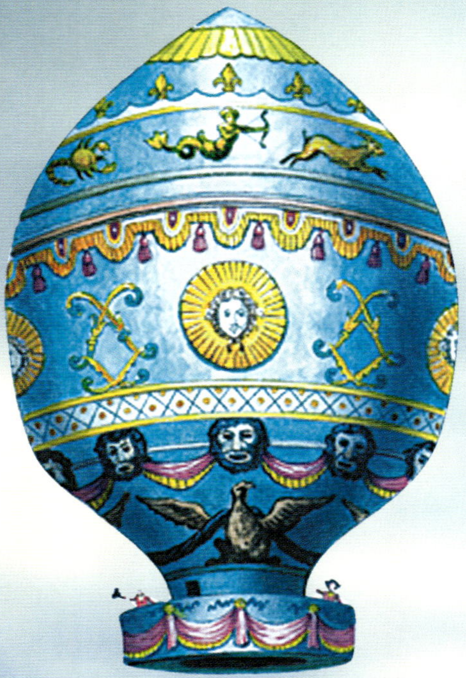

▲ La première ascension libre d'un ballon à air chaud habité, construit par les frères de Montgolfier, eut lieu en 1783.

81 **Les premiers passagers d'un ballon à air chaud ou montgolfière furent un mouton, un coq et un canard.** Les frères de Montgolfier inventèrent le ballon à air chaud en 1782. Les aéronautes devaient surveiller le feu entretenu à bord.

82 **De nombreux inventeurs cherchèrent à voler avec des ailes battantes comme celles des oiseaux.** Ils ont tous échoué. Un des premiers hommes-oiseaux se tua au Ier siècle lors d'une fête à Rome.

83 **Le premier vol contrôlé ne dura que douze secondes.** Les frères Wright inventèrent leur aéroplane et volèrent en 1903 aux États-Unis. En 1909, le Français Louis Blériot traversa la Manche en avion. La Première Guerre mondiale connut les combats aériens. La Seconde Guerre mondiale fut marquée par l'importance des bombardements effectués par des milliers d'avions.

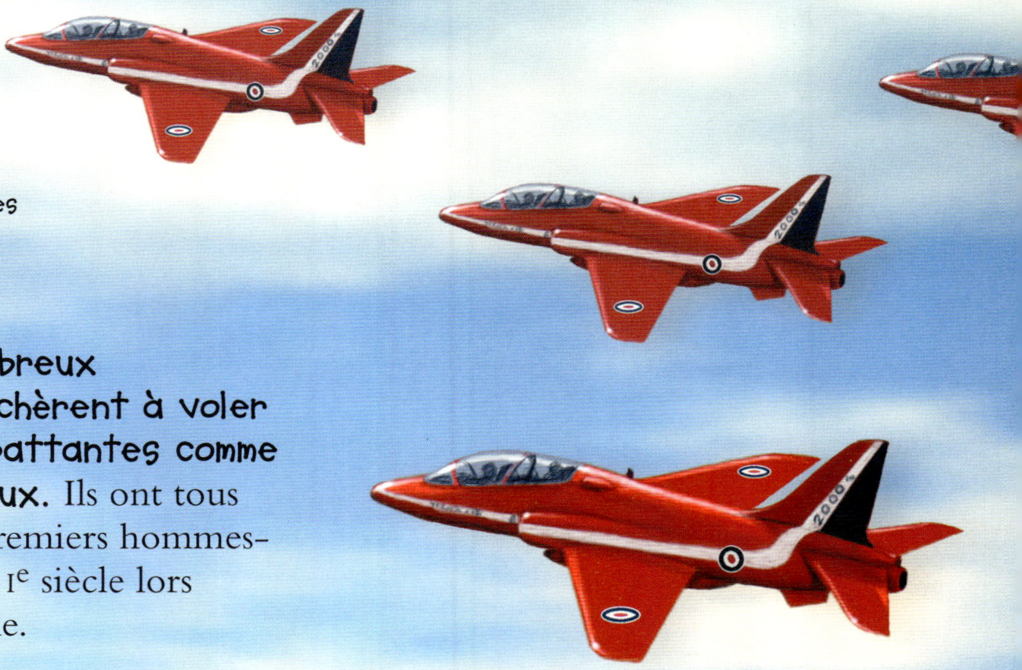

▲ Formée en 1965, la patrouille acrobatique de la Royal *Air Force*, les *Red Arrows* (Flèches rouges), utilise des avions à réaction Hawk. Les vols en formation et les figures effectuées à grande vitesse réclament une précision de pilotage et une synchronisation parfaites.

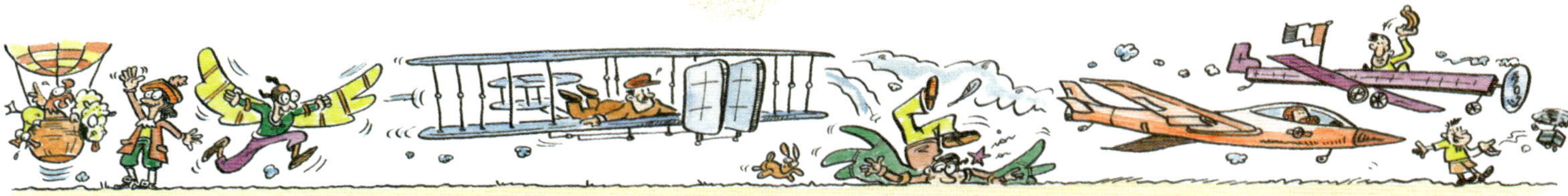

84 La première maquette d'un hélicoptère fut construite par Léonard de Vinci en 1480. En 1877, l'Italien Enrico Forlanini inventa un hélicoptère à vapeur qui vola pendant 60 secondes et monta à 15 mètres. Les hélicoptères modernes peuvent rester en vol stationnaire et atterrir presque partout. Ils sont très utilisés pour le sauvetage sur terre et en mer.

85 En 1947, un avion-fusée à réaction dépassa la vitesse du son. L'Anglais Frank Whittle inventa le premier turboréacteur en 1930. La plupart des avions modernes n'ont plus d'hélice. Les patrouilles acrobatiques militaires accomplissent des exercices impressionnants lors des grands spectacles aériens.

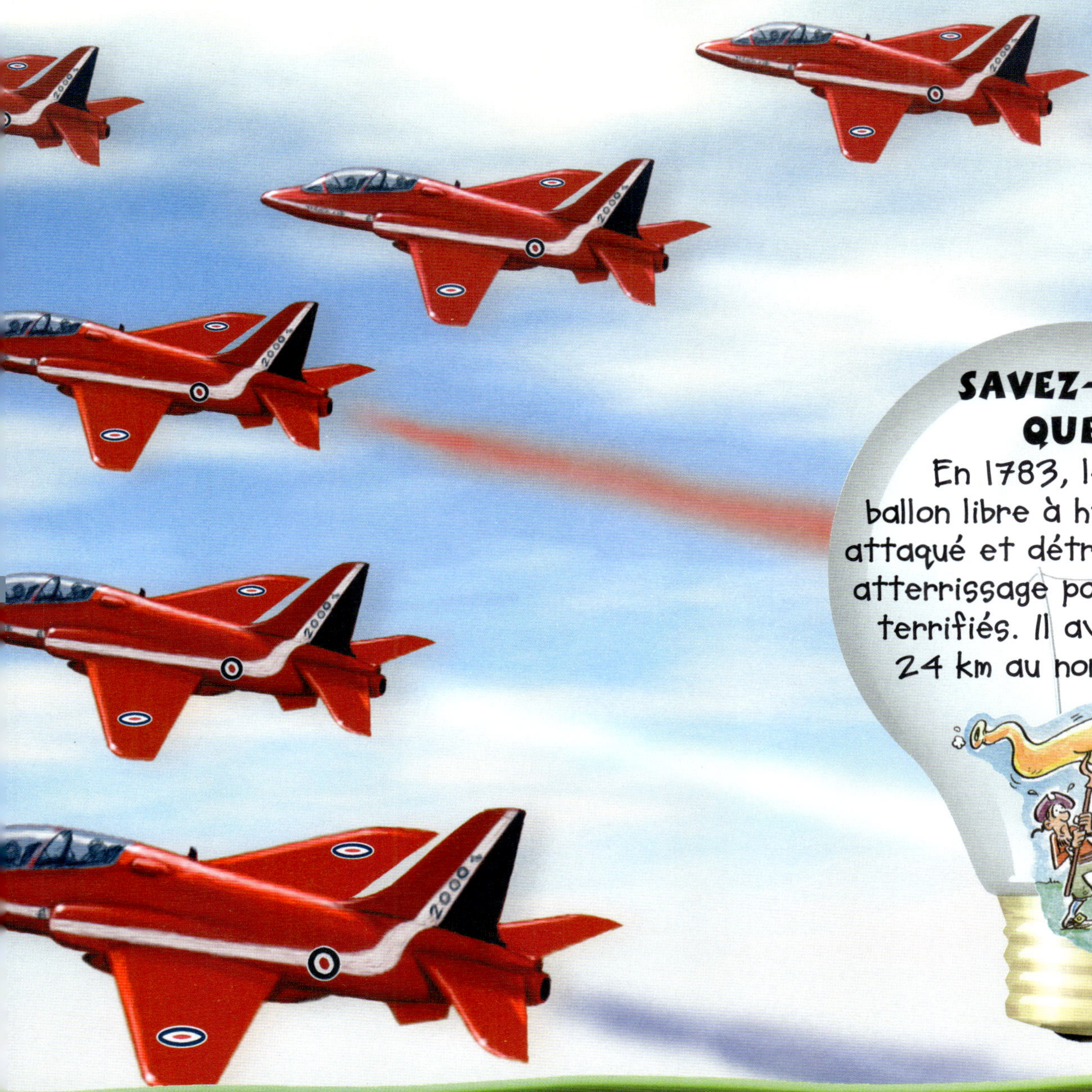

SAVEZ-VOUS QUE...

En 1783, le premier ballon libre à hydrogène, fut attaqué et détruit lors de son atterrissage par des paysans terrifiés. Il avait parcouru 24 km au nord de Paris.

Conserver et reproduire

86 Le premier enregistrement du monde fut celui d'une chanson enfantine anglaise, « Mary had a little lamb ». En 1877, l'Américain Thomas Edison inventa un procédé d'enregistrement des sons au moyen d'une aiguille vibrante qui gravait un sillon sur un cylindre métallique mis en rotation. En faisant « relire » la gravure par l'aiguille, on recréait à peu près le son original.

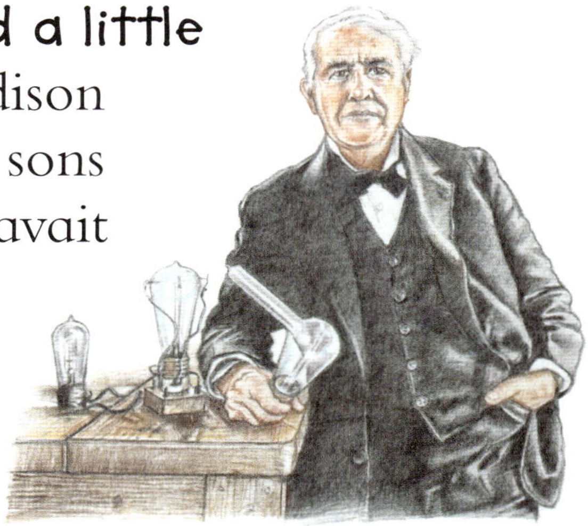

▲ Thomas Edison fut l'auteur de nombreuses inventions dont le phonographe, l'ampoule électrique et un système primitif de cinématographe.

87 Pour enregistrer ou écouter les premiers cylindres, il fallait tourner une manivelle. L'Allemand Emil Berliner inventa le disque plat en 1887. Les disques lus par une aiguille en acier qui s'usait vite, étaient très cassants. Les disques longue durée (vingt minutes) apparurent en 1948. Ils étaient moins fragiles.

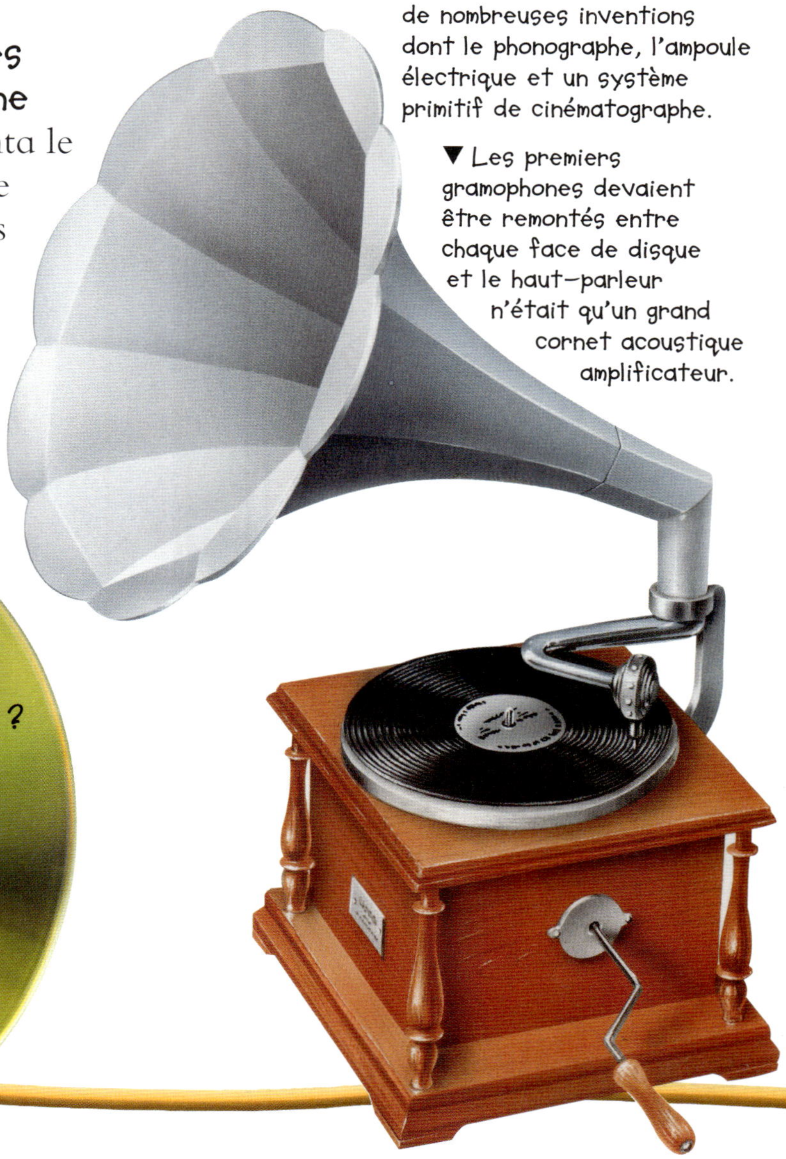

▼ Les premiers gramophones devaient être remontés entre chaque face de disque et le haut-parleur n'était qu'un grand cornet acoustique amplificateur.

QUESTIONS

1 Les premiers enregistrements sonores étaient (a) sur disques, ou (b) sur cylindres ?

2 Quel système apparut en premier (a) le cinéma ou (b) les disques longue durée ?

3 Les appareils photo modernes utilisent (a) des plaques de verre, ou (b) des pellicules souples ?

4 Les CD sont lus avec des aiguilles en diamant vrai ou faux ?

5 Quand les premiers films furent-ils projetés (a) au XIXe siècle ou, (b) au XXe siècle ?

Réponses
1b 2a 3b 4 : faux 5a

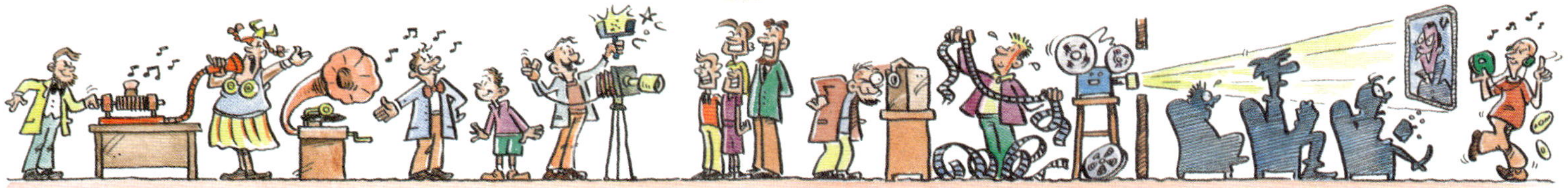

88 En 1826, le premier cliché photographique demanda huit heures de pose.

Le Français Joseph Nicéphore Niepce, qui en fut l'inventeur, photographia des toits. Les premiers appareils étaient lourds et encombrants. Les photos étaient fixées sur des plaques de verre. En 1889, l'Américain George Eastman inventa les pellicules souples.

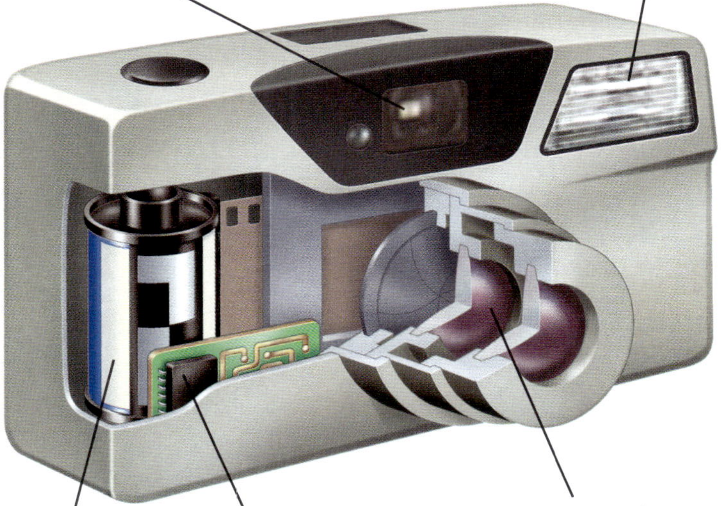

▶ Les appareils photo automatiques à pellicule fonctionnent avec une puce électronique. Faciles à utiliser, ils donnent d'excellents clichés.

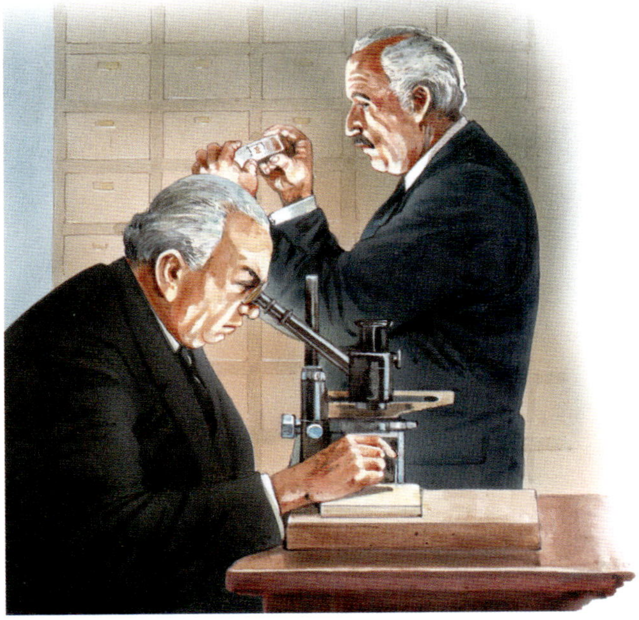

▲ Les frères Lumière, inventeurs du projecteur de cinéma, effectuèrent la première projection en public en 1895 à Paris.

89 Un CD peut contenir beaucoup d'heures de musique.

Les CD – ou disques compacts – sont petits et légers. Cette invention fut lancée par les compagnies phonographiques en 1983. Dans le lecteur, un rayon lumineux de type laser « lit » les sons gravés.

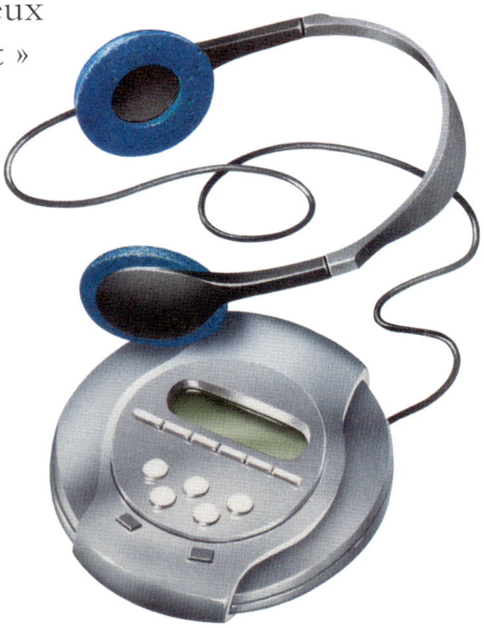

▶ Un lecteur de CD portable permet d'écouter de la musique partout.

90 Les premiers films de Thomas Edison datent de 1888.

Ils ne pouvaient être vus que par une seule personne à la fois à travers une ouverture du boîtier de la machine. Les Français Auguste et Louis Lumière inventèrent en 1895 le cinématographe, une caméra qui permettait de projeter un film sur un écran.

Dans la maison

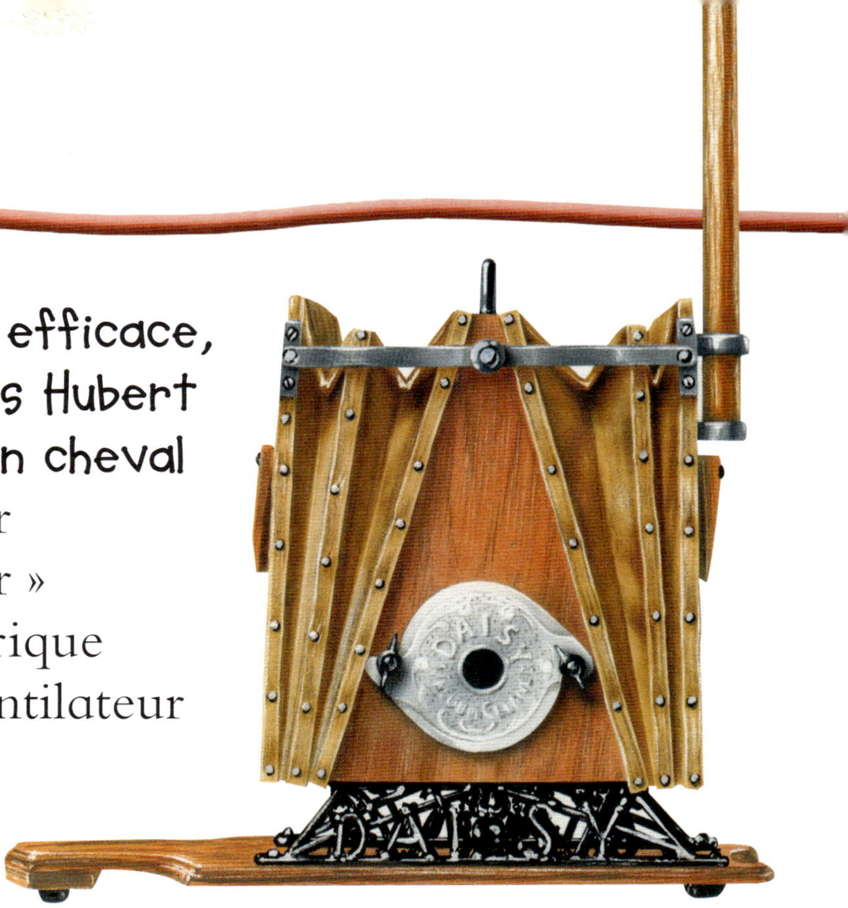

91

Le premier aspirateur efficace, inventé par l'ingénieur anglais Hubert Cecil Booth, était tiré par un cheval et une charrette. Le premier aspirateur électrique « Hoover » fut construit en 1907 en Amérique avec une caisse en bois, un ventilateur électrique et un vieux sac.

▼ Les anciens réfrigérateurs étaient encombrants, bruyants et offraient une faible capacité.

▲ Les aspirateurs primitifs fonctionnaient comme un soufflet à manivelle.

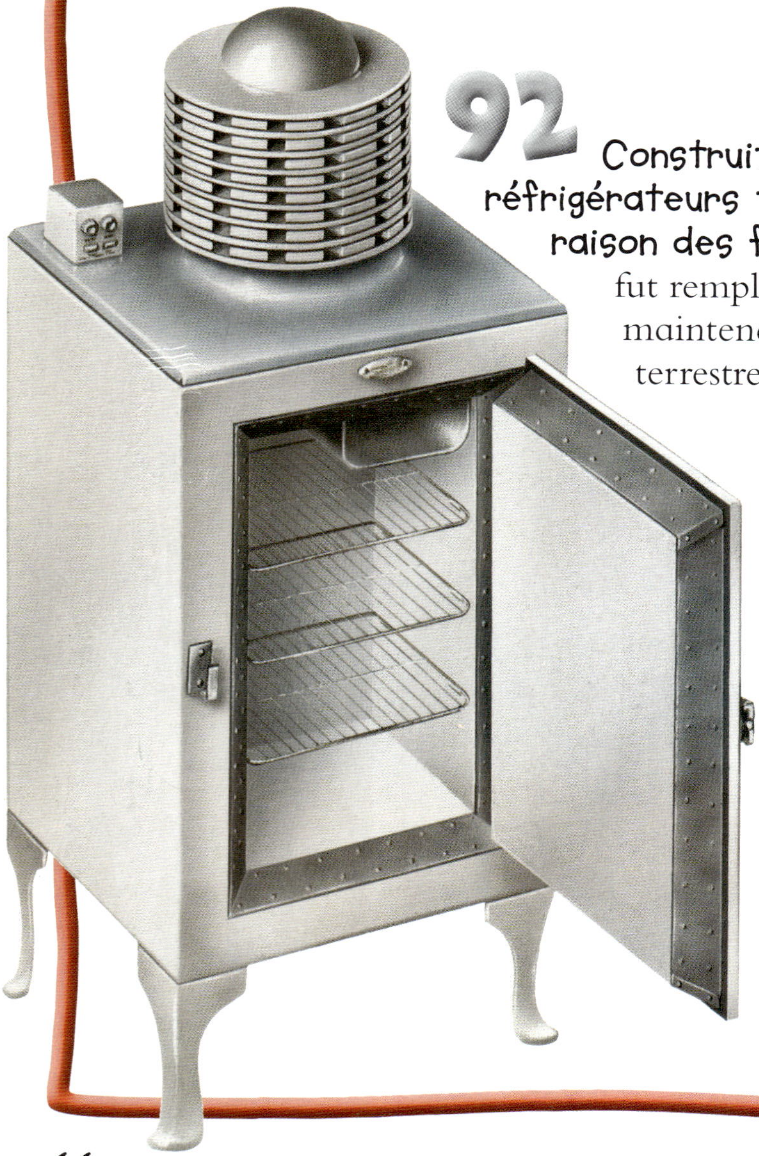

92

Construits au XIXe siècle, les premiers réfrigérateurs tuèrent de nombreuses personnes en raison des fuites du gaz toxique. En 1929, ce gaz fut remplacé par le fréon, moins toxique. On sait maintenant que le fréon est nocif pour l'atmosphère terrestre ; il a donc été remplacé par un autre gaz.

QUESTIONS

1 Le premier aspirateur électrique fonctionnait avec(a) un cheval, ou (b) un ventilateur électrique ?

2 Les premiers réfrigérateurs étaient dangereux(a) parce qu'ils explosaient, ou (b) à cause des fuites de gaz ?

3 Les Crétois avaient des toilettes en faïence il y a 4 000 ans.vrai ou faux ?

4 Les ampoules électriques contiennent (a) de l'eau, (b) de l'air, ou (c) du vide ?

5 Qui installa la première compagnie d'éclairage électrique(a) Thomas Twyford, ou (b) Thomas Edison ?

Réponses

1b 2b 3 : faux 4c 5b

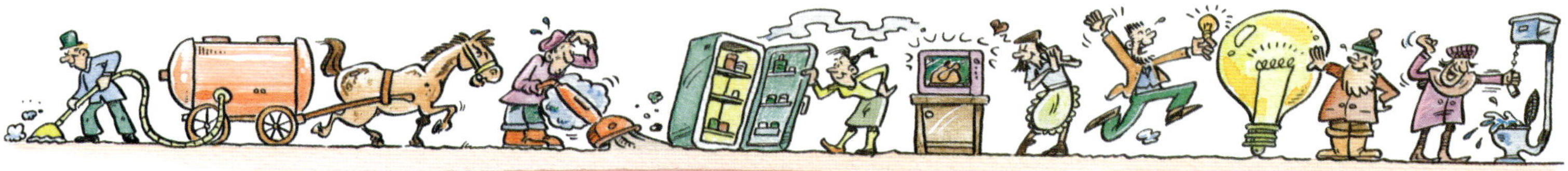

93 Une tablette de chocolat fondue fit découvrir le four à micro-ondes.

93 Une tablette de chocolat fondue fit découvrir le four à micro-ondes. L'Américain Percy L. Spencer l'inventa en 1947 après avoir remarqué qu'un générateur de micro-ondes sur lequel il travaillait avait fait fondre le chocolat dans sa poche. Dans un four à micro-ondes, la chaleur est générée à l'intérieur même des aliments. C'est pour cela que les œufs explosent.

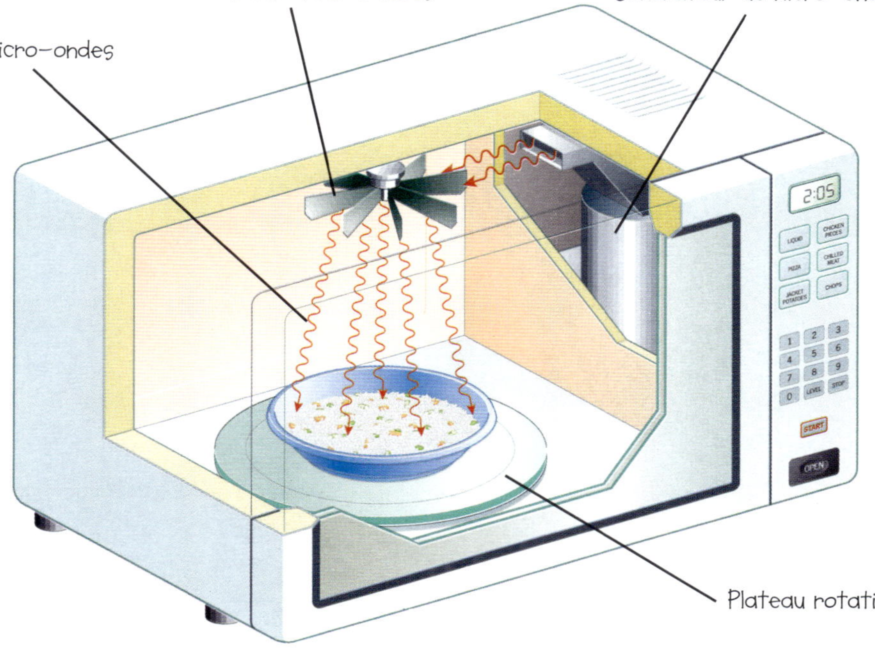

▲ Dans un four à micro-ondes, les ondes sont dispersées en direction des aliments placés au-dessous par une roue à aubes en métal.

94 Il n'y a pas d'air dans une ampoule d'éclairage sinon elle brûlerait instantanément. Les premières ampoules « claquaient » à cause des entrées d'air. L'Américain Thomas Edison inventa en 1879 une ampoule étanche à l'air qui éclairait longtemps. Il installa la première compagnie d'éclairage en 1882.

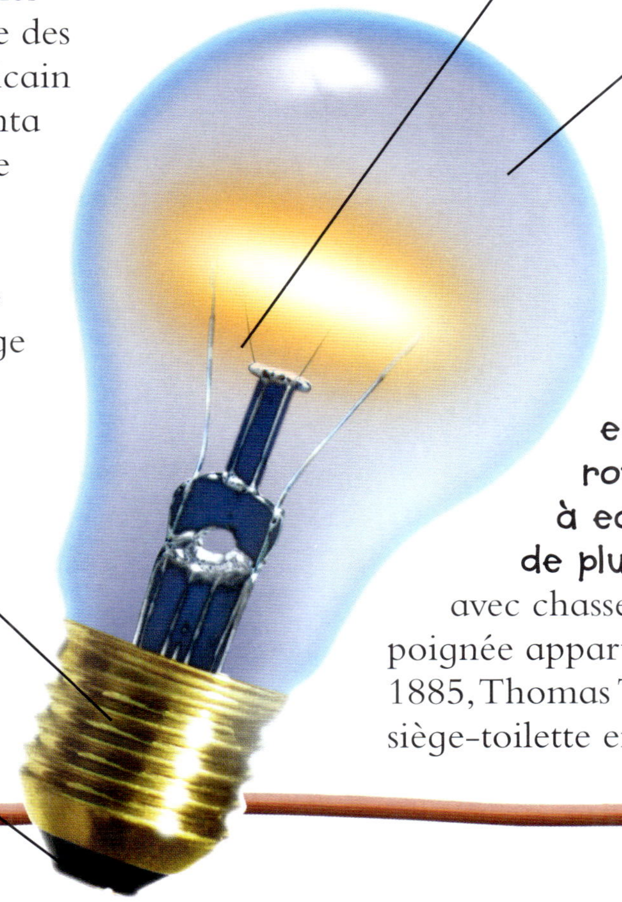

◄ Dans une ampoule électrique, le courant chauffe à blanc un filament qui ne brûle pas en raison de l'absence d'air.

95 Il y a 4 000 ans en Crète (Grèce), les palais royaux avaient des toilettes à eau courante utilisant l'eau de pluie. En Angleterre, les toilettes avec chasse d'eau actionnée par une poignée apparurent au XVIIIe siècle. En 1885, Thomas Twyford inventa le premier siège-toilette en faïence avec chasse d'eau.

Plus haut que le ciel

96 Concorde pouvait voler deux fois plus vite que le son soit à 2 150 km/h. C'est plus que le double de la vitesse des premiers avions à réaction. Ce grand avion de ligne traversait l'Atlantique à plus de 18 000 mètres d'altitude.

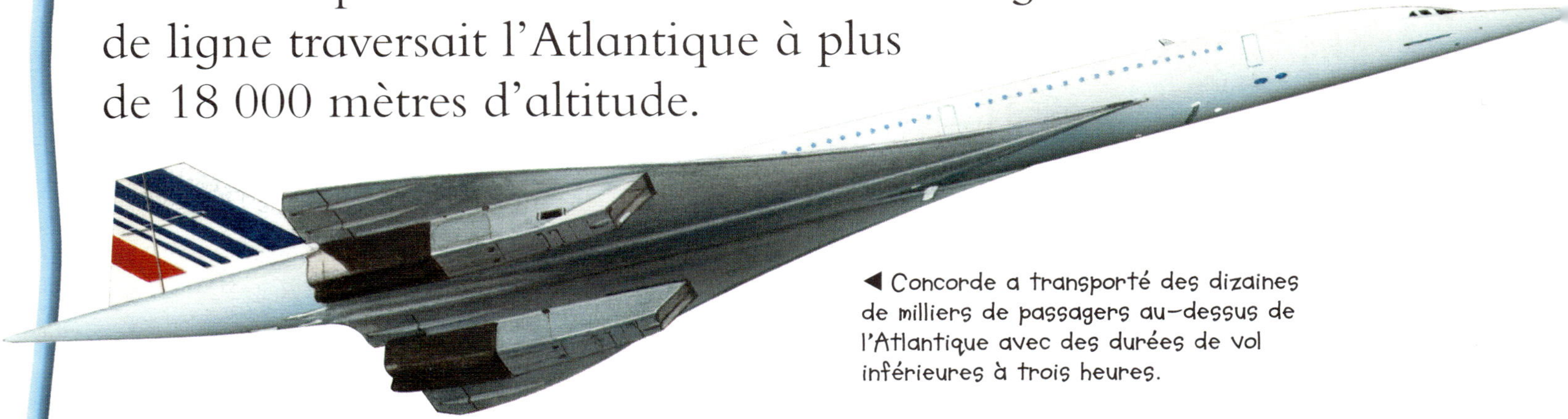

◀ Concorde a transporté des dizaines de milliers de passagers au-dessus de l'Atlantique avec des durées de vol inférieures à trois heures.

97 Les fusées permirent aux Chinois de refouler une armée mongole au XIIIe siècle. Les fusées fonctionnaient avec une poudre inflammable que les Chinois avaient inventée 300 ans avant.

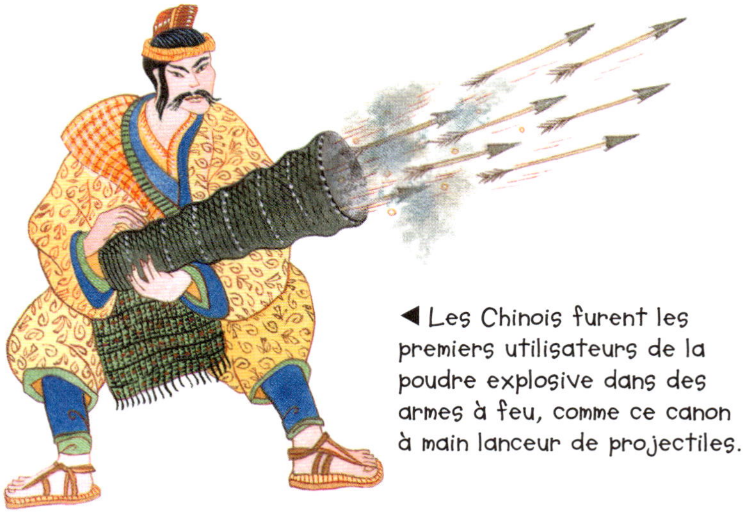

SAVEZ-VOUS QUE...

Un Chinois du XVe siècle nommé Wan Hou essaya une machine volante faite de 47 fusées et de 2 cerfs-volants. Ses assistants allumèrent toutes les fusées en même temps et Wan Hou disparut dans une gigantesque explosion.

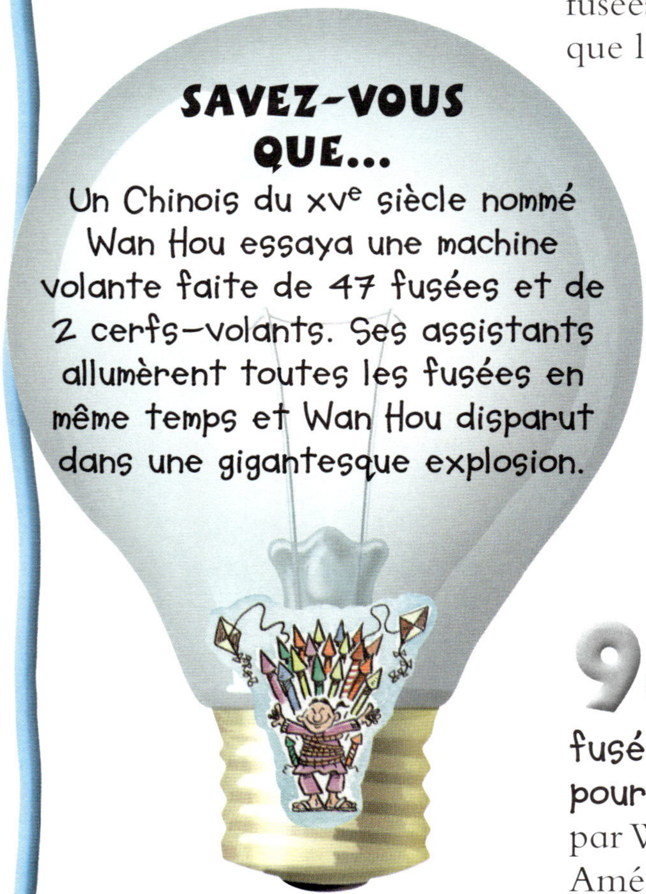

◀ Les Chinois furent les premiers utilisateurs de la poudre explosive dans des armes à feu, comme ce canon à main lanceur de projectiles.

98 Lors de la Seconde Guerre mondiale, les fusées allemandes pouvaient franchir plus de 300 km pour frapper l'Angleterre. Elles furent mises au point par Wernher von Braun qui, après la guerre, aida les Américains à construire leurs fusées spatiales.

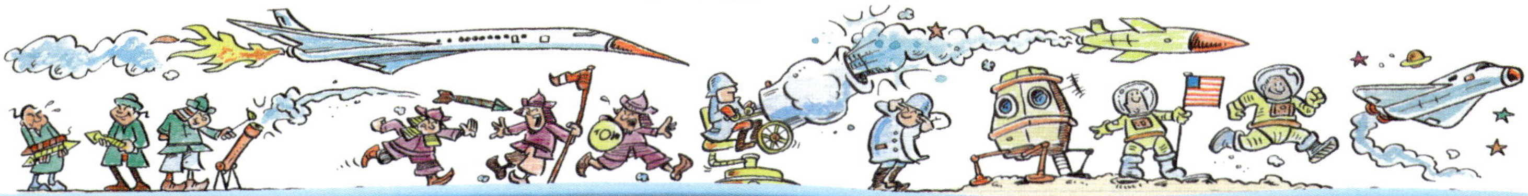

99 **Le vaisseau spatial Apollo XI débarqua des hommes sur la Lune en 1969.**

Des centaines de millions de spectateurs regardèrent à la télévision Neil Armstrong et Edwin Aldrin marcher sur le sol lunaire.

100 **La navette spatiale décolle vers l'espace sur un réservoir géant encadré de deux lanceurs.**

Ceux-ci se détachent et la navette se met en orbite autour de la Terre à 241 km d'altitude. Les scientifiques américains inventèrent la navette réutilisable qui vola pour la première fois en 1981.

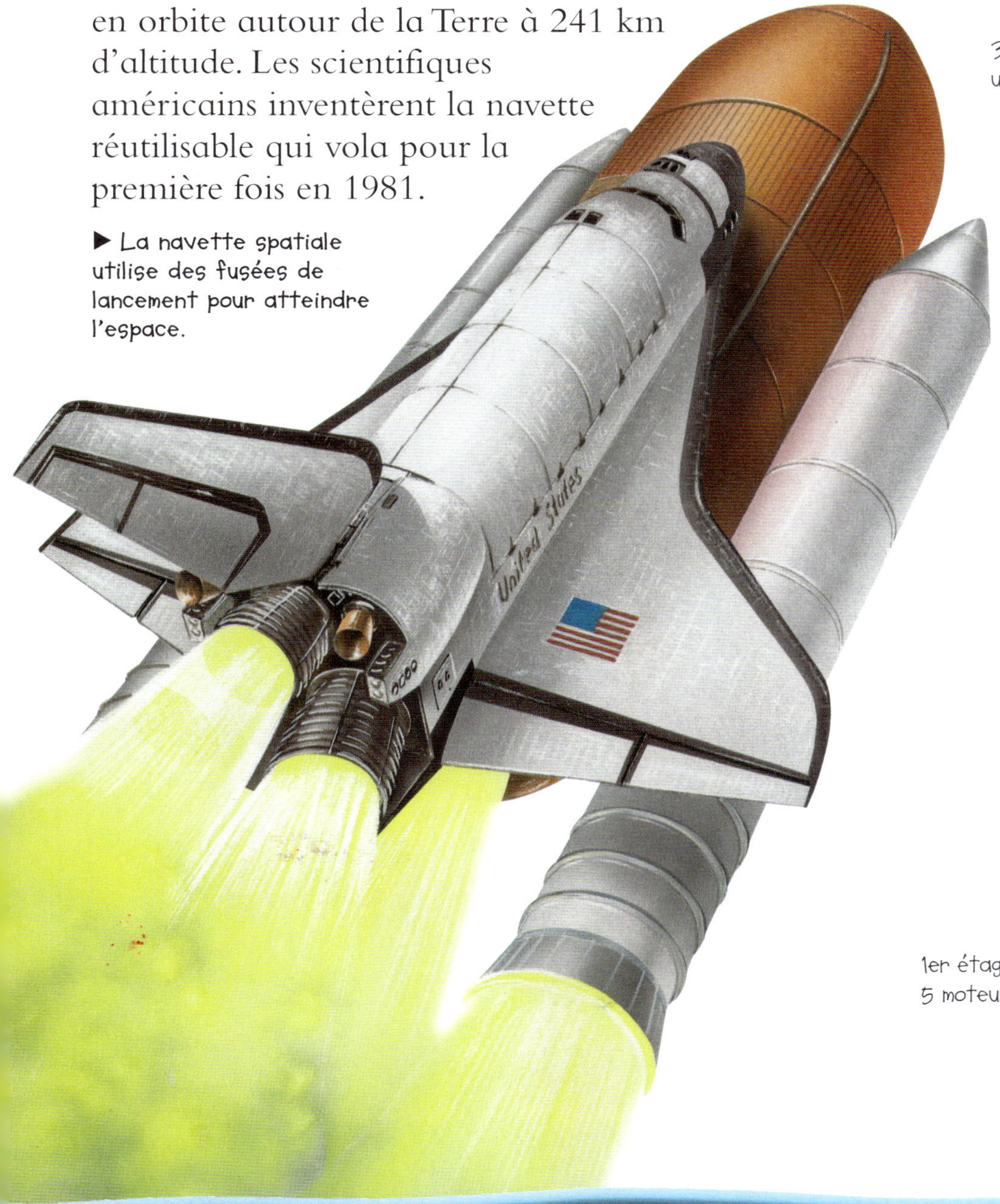

► La navette spatiale utilise des fusées de lancement pour atteindre l'espace.

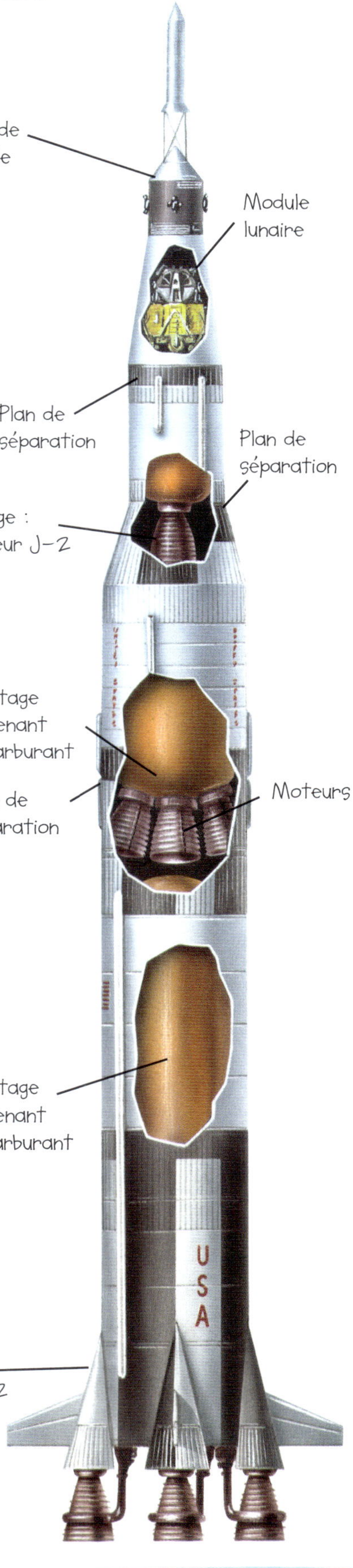

► La fusée Saturn V à trois étages a transporté le vaisseau spatial qui a permis aux hommes d'arriver sur la Lune. Elle pesait plus de 2 700 tonnes.

Index

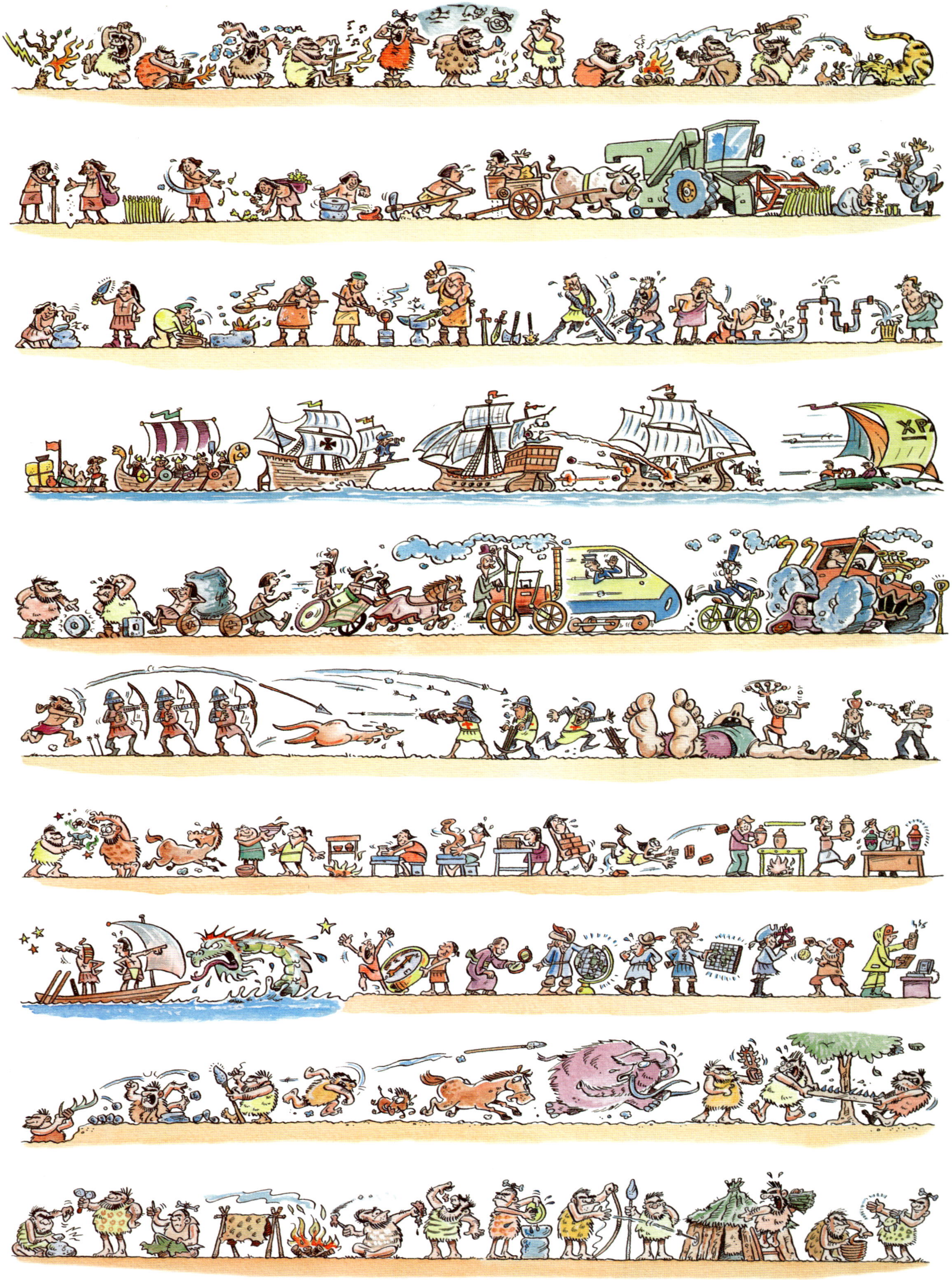
XP